PARA

_____

DE

_____

FECHA

_____

VALENTÍA DIARIA

50 Devocionales para fortalecer tu fe

JOHN BEVERE

CASA
CREACIÓN
Para vivir la Palabra

Para vivir la Palabra

MANTENGAN LOS OJOS ABIERTOS,
AFÉRRENSE A SUS CONVICCIONES,
ENTRÉGUENSE POR COMPLETO,
PERMANEZCAN FIRMES,
Y AMEN TODO EL TIEMPO.
—1 Corintios 16:13-14 (Biblia El Mensaje)

Valentía diaria por John Bevere
Publicado por Casa Creación
Miami, Florida
www.casacreacion.com
©2024 Derechos reservados

ISBN: 978-1-960436-59-7
E-Book ISBN: 978-1-960436-60-3

Desarrollo editorial: *Grupo Nivel Uno, Inc.*
Adaptación de diseño interior y portada: *Grupo Nivel Uno, Inc.*

Publicado originalmente en inglés bajo el título:
Everyday Courage
Publicador por Thomas Nelson es una marca regristada de
HarperCollins Christian Publishing, Inc
Copyright © 2024 John P. Bevere
Todos los derechos reservados.

Nota de la editorial: Aunque el autor hizo todo lo posible por proveer teléfonos y páginas
de internet correctos al momento de la publicación de este libro, ni la editorial ni el autor
se responsabilizan por errores o cambios que puedan surgir luego de haberse publicado.

Impreso en Colombia

24 25 26 27 28 LBS 9 8 7 6 5 4 3 2 1

Dedicado a nuestros extraordinarios y hermosos nietos:

Asher Alexander, Sophia Grace, Lizzy Hope, Augustus Michael, Scarlett Elizabeth y Azariah Jacks.

También a nuestro nieto, que ahora se regocija en la presencia de Jesús, ¡y a los que han de venir!

Que siempre permanezcan en el amor de Dios y en su santo temor.

Contenido

TERCERA PARTE:
CUANDO NECESITAS VALENTÍA
ANTE LO DESCONOCIDO

CUARTA PARTE:
CUANDO NECESITAS VALOR PARA
VIVIR CON UNA FE AUDAZ

QUINTA PARTE:
CUANDO NECESITAS VALENTÍA PARA CONOCER Y REVERENCIAR PLENAMENTE A DIOS

El temor
del Señor
es un
baluarte
seguro.

PROVERBIOS 14:26

Introducción

H ablemos de la valentía.

Vivimos en un mundo en el que la ansiedad y la ira campean a sus anchas. La gente anda saturada de estrés, preocupación y tanta sensibilidad que ha afectado a los hogares, diversos ambientes y hasta a las iglesias, las cuales se han vuelto temerosas. Por un lado, la cultura imperante anula a los inconformistas mientras que nuestro ambiente cristiano se somete, con demasiada frecuencia, a los seductores valores del mundo. Cada día hay más hombres y mujeres que abandonan sus congregaciones o se niegan a hablar con la verdad bíblica.

A medida que aumenta la persecución en nuestra nación, los cristianos necesitarán más valentía que nunca.

Se nos ha dicho que los que andan en el temor de Dios "tienen confianza y viven sin temor" (Salmos 112:8 NTV). Por años, los padres y las madres en la iglesia han afirmado que el temor de Dios absorbe todos los demás recelos, incluido el más destructivo: el miedo al hombre. El temor de Dios fortalece y vigoriza nuestra fe, lo que contribuye a que permanezcamos fieles a él. En términos sencillos, nuestra valentía aumenta en función de la profundidad del temor piadoso que manifestemos. Mi esperanza es que este libro inspire una valentía audaz que no falle, cualquiera sea la dificultad que se enfrente.

Hace treinta años, cuando era un joven que luchaba contra la intimidación y, a menudo, me dejaba arrastrar por ella, inicié una travesía para descubrir cómo era realmente el temor sagrado. En el proceso, mi valentía creció hasta el punto de que me afectó no solo a mí mismo, sino también a mi familia y a mis amigos. El secreto era el temor del Señor, ese era el combustible que impulsaba el valor. Descubrí que servimos a quien tememos. Si tememos a Dios, lo obedeceremos; si tememos al hombre, a fin de cuentas obedeceremos los deseos de los hombres. A través de este trayecto he aprendido cómo puede, la virtud de temer al Señor, transformar tu vida en algo bárbaramente hermoso.

Antes de que empecemos, quiero aclarar que el temor del Señor no tiene que ver nada con que le tengamos miedo a él. Nuestro Creador desea sostener una relación de intimidad con cada uno de nosotros, pero no podemos tener intimidad con alguien a quien le tenemos miedo. La persona que le tiene miedo *a Dios siente eso porque* tiene algo que ocultar; el individuo que *teme a* Dios no tiene nada que esconder. Más bien se podría decir que a lo que le teme es a estar *lejos de* Dios.

He explorado este mensaje en profundidad en mi libro *El temor de Dios* y ahora quiero compartir contigo algo de lo que he aprendido en cuanto a la valentía en mi travesía. Oro para que eso te fortalezca en este tiempo tan incierto y también para el futuro. Realmente pienso que estamos viviendo en los días en que se manifestarán grandes héroes del reino. ¡Creo que eres uno de ellos!

Los héroes pasados del reino experimentaron grandes victorias a través de su fe, pero —debido a su obediencia a Dios— muchos fueron burlados, torturados, encarcelados, exiliados o rechazados. ¿Por qué? Porque vivían en un mundo caído que era hostil al reino de Dios (Hebreos 11:36-39).

Sin embargo, todos ellos tenían esto en común: a causa de su santo temor se negaron a dejar de obedecer, aunque ello implicara sufrimiento. Confiaban en esta promesa: "Los que siembran con lágrimas cosecharán con gritos de alegría. Lloran al ir sembrando sus semillas, pero regresan cantando cuando traen la cosecha" (Salmos 126:5-6 NTV).

Es el mismo tipo de confianza que precisamos hoy y cada día. Necesitamos valentía para obedecer los mandatos de Dios, para superar el desánimo, para estar en su presencia.

Jesús les pidió a sus discípulos que lo siguieran. De igual forma nos invita, cada día, a hacer lo mismo. De modo que sigamos adelante y descubramos la valentía que nos da diariamente.

PRIMERA PARTE

Cuando necesitas valentía frente al miedo

Una cura para el caos

¡Ánimo! Soy yo, no tengan miedo.

MATEO 14:27 BEM

Imagínate esto: es plena noche, tus compañeros y tú están en medio de un mar tumultuoso; el viento sopla con furia y las olas se estrellan contra la barca. Estás "en apuros" (Mateo 14:24 NTV), y todos tus compañeros lo saben. Por si fuera poco, de repente todos a bordo ven algo espeluznante, algo que camina sobre el agua. No saben si es un espíritu o una persona, pero seguramente no puede ser alguien, pues nadie ha hecho algo así nunca.

Aterrorizados, tus compañeros y tú gritan asustados: "¡Es un fantasma!" (v. 26 BEM). La misteriosa figura sobre el agua responde con estas palabras: "¡Ánimo! Soy yo, no tengan miedo". ¿Te imaginas oír a Jesús diciéndote estas palabras en medio de ese momento aterrador?

Este no es un ejemplo del temor de Dios sino, más bien, la manifestación del espíritu de miedo. El temor del Señor, como aprenderás, es algo muy diferente.

¿En qué piensas cuando oyes la frase "el temor de Dios"? ¿Se te parece a la jerga del Antiguo Testamento, esa forma de hablar que ya no tiene nada que ver con nosotros? ¿O evoca imágenes de gente huyendo de un Dios santo y todopoderoso que todo lo consume? ¿Te imaginas a toda la gente suplicando entrar en el arca de Noé cuando empezó a caer aquella lluvia torrencial o a las ciudades de Sodoma y Gomorra presas del pánico mientras eran destruidas por su maldad?

Aunque todas esas personas seguramente vivían temiendo el juicio y la ira de Dios, el temor del Señor no consiste en tenerle miedo a Dios. Tampoco es una expresión arcaica reservada al Antiguo Testamento.

El temor del Señor es lo que resguarda nuestro espíritu y nuestros pensamientos en estos días en que el mundo parece sumido en el caos más absoluto. Ese temor es extraordinariamente relevante para nuestras vidas en este tiempo, en este momento de la historia de la humanidad en el que nos encontramos.

A la mayoría de las personas no les agrada oír la palabra *miedo*. Pero no debemos confundir el espíritu de miedo con el temor de Dios. La Biblia afirma que perfeccionemos la santidad en el temor del Señor y que trabajemos nuestra salvación con temor y temblor (2 Corintios 7:1; Filipenses 2:12).

Entonces, ¿qué era aquello que sintieron los discípulos al ver a alguien caminar sobre las aguas? Ese era el espíritu del miedo. Pero ¿y el deseo de María Magdalena de estar con Jesús después de la crucifixión, incluso ante el peligro? Eso era otra cosa, era alguien que temía a Dios.

Incluso después de presenciar la devastación de la muerte de Jesús en la cruz —el mismo Jesús que la había liberado de la posesión demoníaca—, María permaneció fiel a él. Ella anhelaba estar con él, aunque eso significara acompañar su cuerpo hasta la tumba para darle un entierro digno. Pero al llegar, descubrió que la tumba estaba vacía y se angustió, creyendo que alguien se había llevado el cuerpo de Jesús. Un hombre que estaba en el sepulcro le preguntó: "Mujer, ¿por qué lloras?" (Juan 20:13 BEM).

Al principio María pensó que el hombre era un jardinero. Pero entonces pronunció su nombre: "María" (v. 16).

Allí estaba Jesús, de pie ante ella. María se dirigió a él para abrazar a su Señor, no queriendo dejarlo marchar. Había deseado desesperadamente estar en su presencia y fue recompensada por su devoción, al convertirse en la primera persona en ver al Salvador resucitado.

A pesar del caos que provocó la muerte de Cristo en la cruz —un momento en el que sus seguidores podrían haber sido presas del miedo muy fácilmente—, María no se alejó de Jesús. Al contrario, corrió hacia él. Su ejemplo es el que necesitamos seguir en estos tiempos desenfrenados en los que vivimos. Dios le dio a María la valentía para proclamar: "¡Vi al Maestro!" (v. 18 BEM). Él también te dará esa misma osadía, esa misma audacia, esa misma valentía.

Querido Padre celestial, anhelas que te deseemos. Que corramos hacia ti en medio del caos de nuestros tiempos. Dame la fuerza para seguir tu voluntad con todo mi ser y lléname de tu Espíritu. En el nombre de Jesucristo, amén.

Resiste el miedo al rechazo

Temer a la gente es una trampa peligrosa, pero confiar en el Señor significa seguridad.

PROVERBIOS 29:25 NTV

Al principio de mi ministerio, mientras servía en mi iglesia, estaba terriblemente atado *al temor al hombre*. No me di cuenta de lo profundamente esclavizado que estaba hasta que el Espíritu Santo me mostró lo que había en mi corazón. Fungía en una posición de alto perfil en nuestra megaiglesia, me relacionaba con muchos individuos y siempre era rápido para dar elogios, aunque no fueran sinceros. Detestaba la confrontación y la evitaba como a una plaga. Oír que yo era uno de los hombres más cariñosos de la iglesia me producía felicidad y satisfacción.

Un día oí al Señor decirme: *John, la gente dice que eres un hombre cariñoso y amable*. Pero la forma en que Dios dijo eso a mi corazón no parecía aprobar aquello.

"Sí, eso dicen", dije con cautela.

Dios respondió: *¿Sabes por qué les dices cosas bonitas y elogiosas a las personas aunque no sean ciertas?*

"¿Por qué?".

Porque temes que te rechacen. Por tanto, ¿quién es el centro de tu amor: ellos o tú? Si realmente amaras a la gente, dirías la verdad y no mentirías, aun a costa de que te rechacen.

Quedé atónito. Todos los demás me consideraban un hombre cariñoso, pero la verdad era muy distinta. Mis motivos eran la autopromoción, la autoprotección y la autorrecompensa. Mi comportamiento era hipócrita.

El temor del Señor es un don de Dios que mantiene bajo control nuestros motivos e intenciones. Nos resguarda de la hipocresía porque nos avisa en cuanto surgen pensamientos, palabras o acciones que proceden del temor al hombre, el que —a menudo— lleva a la falta de sinceridad.

La historia de Ananías y Safira, en Hechos 5, es un ejemplo de ello.

En los primeros tiempos de la iglesia cristiana, los creyentes compartían sus posesiones con el fin de ayudarse unos a otros. A menudo vendían sus tierras o sus casas y daban las ganancias a los necesitados. Ananías y su esposa, Safira, formaban parte de ese grupo, y las Escrituras nos dicen que vendieron una propiedad pero se quedaron con parte del dinero.

"Esto es demasiado dinero para desprenderse de él", razonaron. "Sin embargo, podemos *aparentar que lo damos todo*. Así que demos solo una parte y digamos que es todo lo que recibimos".

Esta pareja no tuvo en cuenta que Dios podía ver en sus corazones y sus mentes, que el Señor sabría lo que estaban haciendo. Y eso les costó la vida: ¡a ambos los enterraron el mismo día!

El temor del Señor es un regalo de Dios que mantiene nuestros motivos e intenciones bajo control.

Las acciones de Ananías y Safira no fueron su perdición, fue su motivación lo que los hundió. *Proyectaban* una imagen falsa para impresionar a su comunidad. Eso es algo que es fácil de hacer, incluso como creyentes.

¿Por qué decimos o hacemos las cosas que hacemos? ¿Qué nos motiva cuando estamos cerca de los demás? Recuerda que nuestra única protección contra cualquier forma de hipocresía es el temor de Dios. No ocultaremos el pecado si tememos a Dios más que a las opiniones de los hombres.

Querido Padre celestial, perdóname por preocuparme más por lo que piensen otros que por lo que pienses tú. Ayúdame a centrarme en lo que tú deseas y no en mi propia comodidad temporal. Permíteme apreciar tu Palabra más que las de los hombres. En el nombre de Jesús, amén.

Sigue a Cristo a toda costa

El temor del Señor es fuente que da vida; ofrece un escape de las trampas de la muerte.

PROVERBIOS 14:27 NTV

Una cosa es descubrir a Jesucristo y seguirlo. Otra muy distinta es continuar siguiéndolo, aunque eso signifique una muerte segura.

El discípulo Andrés es un gran ejemplo de ello. Aunque no hay mucho escrito sobre él, Andrés destaca por ser el primero que siguió a Jesús. Las Escrituras nos dicen que encontró a su hermano Pedro y le anunció: "Hemos encontrado al Mesías (es decir, 'el Cristo')" (Juan 1:41-42 BEM). Lo que Andrés estaba diciendo era: "Hemos encontrado al Ungido": el Sacerdote perfecto, el Profeta perfecto y el Rey perfecto.

Al igual que la mayoría de los discípulos, Andrés huyó para salvar su vida la noche en que Jesús fue arrestado. Sin embargo, este único acto de cobardía no lo definiría. Después de la resurrección de Jesús, Andrés predicó en Etiopía, que estaba bajo el dominio romano y era una gran amenaza para los discípulos de Cristo.[1] Mientras predicaba en Grecia, el gobernador le dijo que se detuviera. Al negarse, fue condenado a morir crucificado. Pidió ser colgado en un madero en forma de X, ya que se sentía indigno de morir en una cruz similar a la de Jesús.

La historia registra que Andrés dijo las siguientes palabras mientras era conducido a la muerte: "¡Oh cruz, la más bienvenida y anhelada! Con ánimo dispuesto, alegre y deseoso, vengo a ti, como discípulo de aquel que colgó en ti, porque siempre he sido tu amante y he anhelado abrazarte".[2]

Este no era el mismo hombre que huyó por su vida cuando Jesús fue arrestado. Andrés había cambiado. De hecho, todos los discípulos que huyeron, excepto Juan, fueron finalmente asesinados por testificar de Jesucristo. Dios les concedió el privilegio y la valentía de enfrentarse a las mismas cosas de las que huyeron.

Es reconfortante saber que Dios puede convertir nuestros fracasos en victorias. Como dice Filipenses 1:6 (BEM): "Nunca dudé de que el Dios que comenzó esta gran obra en ustedes la continuara y ha de llevarla a feliz término cuando Cristo Jesús aparezca". Aunque es probable que nunca nos enfrentemos a algo tan aterrador como lo que Andrés tuvo que soportar, podemos fortalecernos con la misma valentía que lo impulsó a él. Cuando buscamos la voluntad de Dios y pedimos esa fortaleza, Dios nos capacita por su gracia a fin de que seamos valientes a través de cualquier circunstancia a la que nos enfrentemos.

Querido Padre que estás en los cielos, por favor, robustéceme con la fuerza que les proporcionas a tus siervos. Ayúdame a ser testigo de tu gloria. Perdóname por las veces que he estado temeroso y preocupado por las dificultades de la vida. Dame el poder para seguirte siempre. En el nombre de Jesús, amén.

DÍA 4

Valentía cuando cuenta

Todas estas personas murieron aún creyendo lo que Dios les había prometido. Y aunque no recibieron lo prometido, lo vieron desde lejos y lo aceptaron con gusto ... Este mundo no era digno de ellos

HEBREOS 11:13, 38 NTV

En la ciudad africana de Cartago, hacia el año 203 d. C., un procurador romano (similar a un abogado en estos tiempos) se enfrentó a una joven encarcelada y le exigió que ofreciera un sacrificio por el bienestar de los emperadores.

"No lo haré", dijo ella desafiante.

Vibia Perpetua, de veintidós años de edad, era madre primeriza y procedía de una próspera familia de Cartago. En una ciudad donde el cristianismo estaba prohibido, el procurador le hizo una pregunta mortal.

"¿Es usted cristiana?".

"Lo soy", respondió Perpetua.

Mientras su padre le rogaba que se retractara de su declaración, las autoridades romanas ordenaron que la golpearan con una vara y luego dictaron sentencia contra Perpetua y sus amigos. Como ella escribió en su diario: "Nos condenaron a las fieras, pero volvimos a la cárcel muy animados".[1]

¿Puedes imaginarte ser así de valiente? A pesar de que Perpetua sabía que estaban a punto de ser llevados a la arena romana para que los animales salvajes los devoraran, ella seguía con el "ánimo en alto". Hasta el final, mantuvo su fe.

Llevada al anfiteatro, desnuda y vistiendo solo una malla, Perpetua fue primero mutilada por un toro salvaje y luego apuñalada por un gladiador, y aun así permaneció con vida. Agarró la mano del gladiador novato y la dirigió a su cuello para que terminara el trabajo. Perpetua no temía a la muerte, la abrazó.

Perpetua tuvo la misma fe audaz que los que se encuentran en el salón de la fama de Hebreos 11: una lista de nombres familiares como Abraham, Sara, Isaac, Jacob, José y Moisés. El pueblo de Israel no solo tuvo fe cuando marchó a través del mar Rojo para escapar de los egipcios que los perseguían; también la tuvo cuando marchó alrededor de Jericó durante siete días hasta que los muros se derrumbaron.

¿Qué tipo de fe necesitaron hombres como Gedeón, Sansón, David y Daniel para derrocar reinos, cerrar la boca a los leones y escapar de la muerte a espada? ¿Cómo pudieron ser torturados y aun así negarse a apartarse de Dios para ser liberados? ¿Cómo soportaron esos hombres y mujeres la humillación, las palizas y el encarcelamiento? Algunos acabaron apedreados, otros aserrados por la mitad y otros muertos a espada.

¿Qué tenían en común todos esos santos? Ninguno de ellos se sentía cómodo en la tierra.

Hebreos 11:13-16 resume la clave de toda su valentía:

"Sin embargo, [los santos] buscaban un lugar mejor, una patria celestial".

HEBREOS 11:16

Todas estas personas murieron aún creyendo lo que Dios les había prometido. Y aunque no recibieron lo prometido, lo vieron desde lejos y lo aceptaron con gusto. Coincidieron en que eran extranjeros y nómadas aquí en este mundo ... Dios no se avergüenza de ser llamado el Dios de ellos, pues les ha preparado una ciudad (NTV).

Antes de ser enviada a la arena, Perpetua escribió estas palabras: "Me di cuenta de que no era con animales salvajes con los que iba a luchar, sino con el diablo, pero sabía que obtendría la victoria".

Ella sabía que esta tierra no era su hogar; su hogar estaba ante el trono de Dios. Ese es también nuestro hogar.

Querido y bondadoso Padre celestial, sé que tienes algo mucho mejor para nosotros que este mundo. Gracias por los ejemplos de los héroes de la fe que vagaron por desiertos, huyeron a montañas, y se escondieron en cuevas y agujeros por tu reino. Héroes que eran demasiado buenos para este mundo. Dame el valor que les concediste a ellos. En el nombre de Jesús, amén.

Combate los miedos destructivos

Sé fuerte por medio de la gracia que
Dios te da en Cristo Jesús.

2 TIMOTEO 2:1 NTV

¿Qué es lo que más temes? ¿Perder todo tu dinero y tus posesiones, o perder a tu cónyuge o a un ser querido? ¿El miedo a perder algo o temer por la seguridad de tus hijos? Estos miedos solo conducen a una destrucción nociva e innecesaria.

El temor de Dios erradica todas las demás aprensiones destructivas. También mejora nuestras vidas, tanto ahora como eternamente. Ilumina el camino hacia una vida buena y plena.

Si alguna vez ha habido una generación comprensible-mente temerosa, es esta. Están ocurriendo muchas cosas en el mundo que son inquietantes, confusas y producen ansie-dad. Sin embargo, ahora disponemos de la tecnología para enterarnos de todo ello. Pero tener miedo no te ayudará. De hecho, te paralizará. Lo sé porque me he pasado a mí, me he sentido asustado y anclado al suelo, incapaz de moverme.

Una vez estaba dando un discurso en una ciudad nueva y, después de terminar el servicio, volví a mi habitación del hotel; entonces los pensamientos empezaron a bombardear mi mente. Por alguna razón, tuve una avalancha de pensamientos oscuros sobre la muerte.

Pensé en un gran ministro que acababa de ver.

Ha enterrado a tres de sus hijos.

Y entonces me vino a la mente otro pastor temeroso de Dios.

Su hijo murió electrocutado.

Luego siguieron algunos recuerdos de un tercer líder piadoso que conocí.

Su hijo murió en un accidente automovilístico.

Más tragedias relacionadas con los hijos de los ministros seguían invadiendo mi mente.

Mientras me sentaba en el borde de la cama y me quitaba uno de mis zapatos de vestir, mi cuerpo empezó a temblar. Pensé en mis propios hijos.

¿Y si les sucede algo así? Si les puede pasar a esos grandes ministros, seguro que me puede ocurrir a mí.

Estaba abrumado y paralizado por el miedo. Y entonces el Espíritu Santo me habló.

John, si hay un área en la que tienes miedo, es porque aún la retienes, es porque todavía te pertenece. No lo has puesto al pie de la cruz.

Y era cierto. No había entregado plenamente a nuestros hijos a Dios y, por lo tanto, estaba sometido a miedos destructivos que atacaban mi mente y, en consecuencia, me paralizaban. Miedos que ni siquiera eran una realidad. En ese momento me di cuenta de que yo no era —ni soy— lo suficientemente grande como para proteger a mis hijos: solo Dios lo es.

Salté de la cama, con un zapato aún en la mano, y grité tan fuerte como pude: "¡Addison, no es mío! ¡Austin, tampoco es mío! Ni Alec; ¡tampoco es mío!". (Arden aún no había nacido, pero Dios sabía que estaba nombrando hasta a los hijos que pudiéramos tener en el futuro).

"¡Dios, todos son tuyos!", clamé. "Solo soy un mayordomo de ellos. Puedes hacer lo que quieras con ellos. No seré posesivo con ellos, aun cuando te los lleves al otro lado del mundo. Incluso si te los llevas al cielo. Confiaré en ti y no viviré con miedo".

Luego hice una pausa antes de volver a gritar: "¡Diablo, nunca los matarás! No puedes tocarlos. Pertenecen a Jesús".

Desde entonces nunca he temido por la vida de mis hijos. Jamás. Ni una sola vez.

Toma esos temores destructivos que tienes y ponlos al pie de la cruz. Esta es la verdadera humildad, como se nos dice: "Humíllense, pues, bajo la poderosa mano de Dios... Depositen en él toda ansiedad, porque él cuida de ustedes" (1 Pedro 5:6-7).

Querido Padre celestial, ayúdame a ser valiente para orar y declarar tus promesas y que se haga tu voluntad. Por favor, revela cualquier cosa en mi vida que no haya rendido a ti. Perdóname por las áreas en mi vida a las que todavía me aferro y que no están bajo el señorío de Jesús. En el nombre de Jesús, amén.

Libérate del miedo

El temor del Señor conduce a la vida;
da seguridad y protección contra cualquier daño.

PROVERBIOS 19:23 NTV

Imagínate una vida sin una sola preocupación o recelo. Imagínate viviendo cada momento en paz y con confianza. ¿Te parece imposible?

El potencial que tenemos en Jesús está lleno de posibilidades inimaginables. El temor del Señor nos lleva a entregarlo todo a Dios y, al hacerlo, vivimos de una manera que muchos desean. No es una vida fácil, sin tormentas ni penas, pero es una en la que vivimos por encima de nuestro potencial humano.

Veamos el ejemplo de Sadrac, Mesac y Abednego —los jóvenes del libro de Daniel—. Seiscientos años antes de que Cristo naciera, Israel era gobernado por el rey Nabucodonosor de Babilonia. Este se llevó a algunos de los mejores jóvenes hebreos a Babilonia para que fueran entrenados en su corte, entre los que estaban Sadrac, Mesac y Abednego.

Algo más tarde, el rey Nabucodonosor construyó una estatua de oro y ordenó a todo el mundo que se arrodillara para adorarla cuando sonara la música indicada. Cualquiera que no se arrodillara ante ella y la adorara sería arrojado inmediatamente a un horno rugiente, declaró. Pronto le llegó al rey la noticia de que este trío de israelitas no acataba su dictado. Le informaron lo siguiente: "Estos hombres lo ignoran, oh rey. No respetan a sus dioses y no quieren adorar la estatua de oro que usted ha erigido" (Daniel 3:12 BEM).

El rey Nabucodonosor se enfureció, pero les dio una segunda oportunidad para obedecer y hacer lo que les había ordenado. Pero, ¿acaso le temían los tres jóvenes? En absoluto.

Ellos respondieron: "Su amenaza no representa nada para nosotros. Si nos lanza al fuego, el Dios a quien servimos puede rescatarnos de su horno ardiente, y de cualquier otra cosa que pueda inventar, oh rey. No obstante, aunque no nos rescatara, eso no haría la más mínima diferencia, oh rey, pues no serviríamos a sus dioses ni adoraríamos la estatua de oro que usted levantó" (vv. 16-18 BEM).

¡Qué asombrosa valentía esa que produjo una extraordinaria confianza! Así que permanecieron tranquilos y sin miedo, aun cuando eran arrojados al horno de fuego. Pero luego, salieron ilesos, sin siquiera oler a humo ninguno de ellos.

Aunque se enfrentaron a la muerte, no tuvieron miedo.

Dios es nuestro Padre y se deleita en que sus hijos permanezcan firmes en —y valientes con— la verdad. Nada le complace más que ver a sus hijos aferrarse a la esperanza confiada y a la fe inquebrantable en tiempos adversos. Imagínate lo complacido que estaba Dios al ver el valor de Sadrac, Mesac y Abednego.

El apóstol Pablo asumió una actitud similar cuando se enfrentó a una posible ejecución.

Dios es nuestro Padre y se deleita en que sus hijos permanezcan firmes en la verdad.

"Tengo la plena seguridad y la esperanza de que jamás seré avergonzado, sino que seguiré actuando con valor por Cristo, como lo he hecho en el pasado. Y confío en que mi vida dará honor a Cristo, sea que yo viva o muera. Pues, para mí, vivir significa vivir para Cristo y morir es aún mejor" (Filipenses 1:20-21 NTV).

Recuerda que el temor santo erradica todos los demás temores destructivos, y nos da el valor para deleitarnos y obedecer al Señor, de manera que vivamos a la altura del potencial que él tiene para nosotros.

Querido Padre celestial, no puedo imaginar que me pongan en una situación como en la que estuvieron Sadrac, Mesac y Abednego. Por favor, dame ese fuerte temor piadoso y la valentía para confiar en ti, no solo en casos extremos, sino en los desafíos que enfrentaré hoy. Perdóname por las veces que he temido a otros más que a ti. En el nombre de Jesús, amén.

Ahuyenta al resto de los miedos

Ten por santo en tu vida al Señor de los Ejércitos Celestiales; él es a quien debes temer. Él es quien te debería hacer temblar. Él te mantendrá seguro. En cambio, para Israel y Judá será una piedra que hace tropezar a muchos, una roca que los hace caer. Y para el pueblo de Jerusalén será una red y una trampa.

ISAÍAS 8:13-14 NTV

"John, no puedes predicar".

Las palabras del pastor resonaban en mi cabeza y no eran sensatas. Me habían invitado a Monterrey, México, para hablar en una reunión evangelística de toda la ciudad. Al llegar temprano al lugar, un funcionario del gobierno —flanqueado por dos agentes uniformados— me dijo que esa noche solo podía hablar de actividades relacionadas con el turismo y nada más. El pastor me confirmó que la ley decía que no podía predicar sin permiso si no era ciudadano. Normalmente, la ley no se aplicaba, pero —por alguna razón— el funcionario de alto rango la estaba aplicando ahora.

"Esto puede afectar a la iglesia", dijo el pastor. "Será mejor que no lo dejemos predicar".

Salí para orar y suplicar a Dios que me comprendiera.

"Padre, sé que tú me has enviado aquí. Así que necesito tu sabiduría y tu consejo".

Entonces Dios aquietó mi mente lo suficiente como para escuchar lo que debía hacer. Cuando volví a entrar en el edificio, el pastor me confirmó que Dios le había hablado y revelado que yo debía predicar. Cuando me puse de pie ante aquella gran asamblea, no dudé en proclamar la Palabra.

"Hace poco, un funcionario oficial me ordenó que solo les hablara de actividades relacionadas con el turismo", dije a la multitud. "Así que esta noche quiero hablarles del mayor turista que ha venido a México. Se llama Jesús".

Durante la hora siguiente, prediqué sobre Jesús como Señor y Salvador. Varias personas de la multitud respondieron al llamamiento que formulé para que recibieran a Jesucristo como Señor. El funcionario del gobierno había enviado a dos oficiales al auditorio con el fin de asegurarse de que no predicara y para arrestarme si no cumplía, pero cuando vieron las cosas poderosas que Dios estaba haciendo y la Palabra proclamada audazmente, ¡los hombres que vinieron a arrestarme aceptaron a Jesús!

Si el pastor y yo hubiéramos cedido a las amenazas del funcionario del gobierno, nadie se habría salvado ni ministrado aquella noche, incluidos los oficiales enviados para arrestarme. Dios me habló a través del Espíritu Santo y me dio el valor para romper la intimidación que se ejercía contra mí.

Lo más probable es que hoy no te veas en una situación en la que puedas ser arrestado por predicar el evangelio. Pero debes tener esta verdad ante ti en todo momento: tú sirves a quien temes. Si temes a Dios, obedecerás a Dios. Si temes al hombre, al final obedecerás los deseos del hombre.

El temor de Dios abre el camino a una vida superior a lo que jamás hayas imaginado. Y solo cuando tienes este temor santo eres capaz de afrontar con valentía cualquier cosa que la vida te lance. En palabras de Charles Spurgeon, "El temor de Dios es la muerte de cualquier otro temor; como un león poderoso, persigue a todos los demás temores ante sí".[1]

Querido Padre celestial, infúndeme la audacia para no temer a los demás, sino a ti. Que siempre recuerde lo que dice Proverbios 29:25: "Temer a la gente es una trampa peligrosa" (NTV). Espíritu Santo, por favor, graba estas palabras en mi corazón. En el nombre de Jesús, amén.

Sigue sus órdenes

"Ustedes son mis amigos si hacen
las cosas que les mando".

JUAN 15:14 BEM

A sus treinta y tres años de edad, Hudson Taylor deambulaba por las arenas de una playa agobiado por la agonía espiritual que lo consumía hasta que, al fin, accedió al llamado de Dios a su vida.

> Le dije (a Dios) que toda la responsabilidad en cuanto a los asuntos y sus consecuencias debía recaer en él; que como siervo suyo, mi deber era obedecerlo y seguirlo: que él debía dirigirme, cuidarme y guiarme a mí así como también a los que pudieran trabajar conmigo. ¿Necesito decir que la paz fluyó de inmediato en mi agobiado corazón?[1]

Esta carga llevó a Hudson Taylor a China, donde fundó la organización China Inland Mission y pasó más de cinco décadas en el ministerio. Su trabajo ayudó a crear 125 escuelas y a llevar a más de 800 misioneros al país.[2] Pero no estuvo exento de dificultades. Taylor soportó muchas pérdidas terribles: enfermedades, persecución, incluso la muerte de su esposa y de varios de sus hijos. Sin embargo, comprendió lo que significaba el llamado de Dios cuando escribió: "A menos que haya algún grado de riesgo en nuestro trabajo, en la obra de Dios, no hay necesidad de fe".[3]

La fe no viene solo por poner nuestra confianza en Dios. Surge si seguimos sus mandamientos. ¿Sabías que hay más de quinientos mandamientos, solamente, en el Nuevo Testamento? Aunque no son requerimientos necesarios para la salvación —que es un don gratuito de Dios— cuando seguimos esos mandamientos, glorificamos a Dios.

Hudson Taylor se tomó muy en serio las últimas palabras de Jesús, registradas en Mateo 28:19-20: "vayan y hagan discípulos de todas las naciones … enseñándoles a obedecer todo lo que les he mandado a ustedes". Taylor diría que la Gran Comisión no era una opción a considerar, sino un mandato que había que obedecer y cumplir al pie de la letra.

Reflexiona en cuanto a la manera en que debes obedecer los mandatos de Dios. ¿Hay instrucciones divinas de Dios que podrían tener un impacto dramático en tu vida, o en la de otros, para la gloria de Dios?

Querido Padre misericordioso, gracias por las vidas de los heroicos líderes de la fe. Muéstrame lo que tú quieres para mi vida y ayúdame a seguir tus mandamientos. Perdóname por no obedecer o ni siquiera conocer los mandatos que tienes para mí. En el nombre de Jesús, amén.

Persigue la Palabra de Dios

Sobre todo, tienen que entender que ninguna profecía de la Escritura jamás surgió de la comprensión personal de los profetas ni por iniciativa humana. Al contrario, fue el Espíritu Santo quien impulsó a los profetas y ellos hablaron de parte de Dios.

2 PEDRO 1:20-21 NTV

La valentía proviene de la Palabra de Dios y nada fortalecerá más nuestros corazones y nuestros espíritus que leer ejemplos de la fe temerosa de Dios que se encuentran en la Biblia. Uno de esos asombrosos relatos de fe audaz se ubica poco antes de la muy conocida y querida historia de David y Goliat.

Antes de que el joven David siquiera pisara el campo de batalla para enfrentarse al gigante filisteo Goliat, Jonatán —el hijo del rey— y su escudero mostraron una gran audacia cuando atacaron a toda una guarnición de soldados filisteos.

Los israelitas estaban en guerra con el poderoso ejército filisteo, que los superaban ampliamente en número. Mientras que "Los filisteos reunieron un ejército poderoso de tres mil carros de guerra, seis mil hombres para conducirlos, y ¡tantos guerreros como los granos de arena a la orilla del mar!"

(1 Samuel 13:5 NTV), "nadie del pueblo de Israel tenía espada o lanza, excepto Saúl y Jonatán" (v. 22 NTV). Así que el rey Saúl y los israelitas esperaron atemorizados, tratando de determinar su próximo movimiento.

Jonatán, sin embargo, sabía exactamente lo que tenía que hacer. En 1 Samuel 14, le dijo a su paje de armas que debían emprender el peligroso camino hacia la guarnición enemiga. "Tal vez el Señor nos ayude, porque nada puede detener al Señor. ¡Él puede ganar la batalla ya sea que tenga muchos guerreros o solo unos cuantos!" (v. 6 NTV).

El escudero de Jonatán compartía su misma fe. "Haz lo que mejor te parezca. Estoy contigo, decidas lo que decidas" (v. 7 NTV). ¡Qué fe tan intrépida mostrada no solo por Jonatán sino también por el hombre que llevaba su armadura!

Tras una furtiva escalada hasta el campamento filisteo, los dos hombres abatieron a una veintena de sus enemigos y sembraron el pánico entre los paganos. Cuando los israelitas oyeron que los filisteos corrían para salvar sus vidas, se unieron a la persecución, conscientes de que Dios los había salvado.

Estos dos hombres tenían una fe imperturbable en el poder absoluto de Dios, por lo que su ejemplo debería vigorizarnos. Las Escrituras están llenas de muestras muy alentadoras como esa; por eso debemos dedicar tiempo de calidad a leer y meditar en las Escrituras.

Maravillémonos por un momento ante la extraordinaria Palabra de Dios. Los sesenta y seis libros de la Biblia se escribieron a lo largo de 1500 años. Dios utilizó a más de cuarenta escritores durante ese lapso de tiempo, procedentes de tres continentes y escribiendo en tres lenguas distintas:

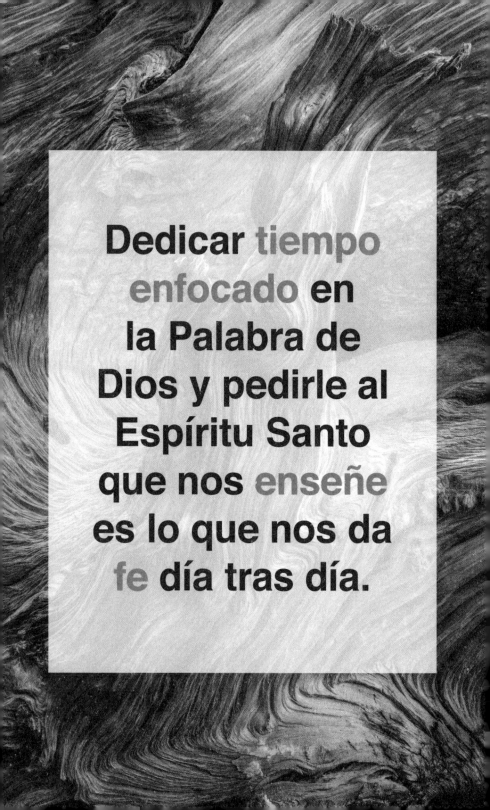

Dedicar tiempo enfocado en la Palabra de Dios y pedirle al Espíritu Santo que nos enseñe es lo que nos da fe día tras día.

reyes, prisioneros, soldados, pastores, agricultores y médicos. ¡Hasta empleó a un recaudador de impuestos! Sus palabras se recopilaron a través del tiempo y la distancia para formar un libro perfectamente armonizado.[1]

Solo Dios podría hacer algo tan milagroso. Y lo más precioso de todo es que nosotros tenemos ese milagro vivo y palpitante a nuestro alcance en cualquier momento.

Dedicar tiempo enfocado en la Palabra de Dios y pedirle al Espíritu Santo que nos enseñe es lo que nos da fe día tras día. La fe viene al escuchar la Palabra de Dios, así que abre tu corazón y hazle un espacio. El rey David dijo que la Palabra era luz para su camino y lámpara para sus pies (Salmos 119:105). También puede ser luz para tu camino.

Querido Padre celestial, háblame a través de tu santa Palabra y lléname del mismo valor que tuvieron Jonatán y su escudero. En el libro de Romanos me dices que la fe viene por el oír tu Palabra, así que —al sumergirme diariamente en tus Escrituras— aumenta mi fe. Ayúdame también a no olvidar nunca que la lectura de tu Palabra, bajo la inspiración del Espíritu Santo, abrirá mi corazón para conocerte íntimamente. Te lo pido en el nombre de Jesús, amén.

Mantente armado y preparado

Cada parte de la Escritura es inspirada por Dios y útil de una manera u otra; nos muestra la verdad, manifiesta nuestra rebelión, corrige nuestros errores, nos entrena para vivir a la manera de Dios. A través de la palabra somos formados y moldeados para las tareas que Dios tiene para nosotros.

2 TIMOTEO 3:16-17 BEM

El apóstol Pablo dio a luz y supervisó el crecimiento de la enorme iglesia de Éfeso, Grecia. Se presentó ante los líderes designados para la que sabía que sería su última reunión hasta la que se efectuaría en el cielo. No tenían teléfonos, mensajes de texto ni correos electrónicos, así que las palabras que les dejaría serían cruciales para su futuro crecimiento.

Su énfasis era que se protegieran no solo a sí mismos sino también a los que dirigían. Pero protección ¿de qué? De los falsos líderes y creyentes que entrarían en su medio. Personas que profesarían el cristianismo pero pervertirían astutamente la pureza del mensaje de vida divino. Les advirtió de ese peligro durante tres años y, finalmente, les dejaría toda la responsabilidad de custodiar el rebaño. ¿Cuál fue su instrucción final? "Ahora los pongo en las manos de Dios, nuestro maravilloso Padre. *Su palabra, llena de gracia,* puede transformarlos en lo que él quiere que sean y suplir todas las necesidades en esta comunidad de santos creyentes" (Hechos 20:32 BEM, énfasis añadido).

Pablo no solo los encomendó a Dios, sino también a "su palabra llena de gracia". Hoy en día, la mayor protección contra los peligros de esta vida está al alcance de tu mano, lista para guiarte en todos los aspectos de tu vida. Es el manual de instrucciones perfecto para vivir. Sin embargo, con demasiada frecuencia no abrimos sus páginas ni buscamos su sabiduría.

Cada día nos enfrentamos a un nuevo campo de batalla en el que somos puestos a prueba. La Segunda Epístola a Timoteo, 3:1-5, en la versión *El Mensaje,* nos da una buena descripción de a qué nos enfrentamos:

> No seas ingenuo. Se avecinan tiempos difíciles. A medida que el fin se acerca, la gente se ensimismará ávida de dinero, promotora de sí misma, engreída, profana, despectiva con los padres, grosera, vulgar, buscará ganar a toda costa, inflexible, calumniadora, impulsivamente brutal, salvaje, cínica, traicionera, despiadada, charlatana en exceso, adicta a la lujuria y alérgica a Dios. *Harán de la religión un espectáculo,* pero tras bambalinas son animales. Mantente alejado de ellos (énfasis añadido).

Estos impostores profesarán creer en Jesús, pero sus vidas no se diferenciarán de las de los perdidos e incrédulos. Esto describe con acierto gran parte de la cultura de fe occidental que impera en la actualidad. Las redes sociales están llenas de personas egocéntricas y que se autopromocionan, sin embargo profesan lealtad a Cristo Jesús. Gran parte del mundo empresarial está compuesto por individuos de mentalidad competitiva y codiciosa, dispuestos a hacer lo que sea necesario para obtener beneficios económicos, sin importar cómo afecten los demás, a la misma vez que muchos de ellos sirven en sus iglesias los fines de semana. Un buen número de hombres cristianos y un firme porcentaje de mujeres cristianas suelen ver pornografía con regularidad.

En 1 Pedro 4:1-2, el apóstol nos instruyó a armarnos para el sufrimiento. ¿Te imaginas a un ejército que va a la guerra sin aviones, barcos, tanques, pistolas, balas, ni cuchillos... totalmente desarmado? Solo pensarlo parece ridículo. Es igual de descabellado que un creyente no esté preparado para ir al campo de batalla de la fe, sin embargo muchos lo están.

La mayoría de los que se oponían a la iglesia primitiva procedían de aquellos que profesaban conocer a Dios. Hoy no es diferente. El creyente desarmado probablemente eludirá las dificultades por el bien de su propia conservación, lo que incluye el deseo de ser aceptado. El temor del Señor es lo que nos arma; es lo que mantiene una profunda determinación —en nuestra voluntad— de obedecer a Dios sin importar el sufrimiento que pueda implicar.

Por tanto, ¿cómo nos armamos? Pablo nos dice al final de 2 Timoteo 3 que: "Toda la Escritura es inspirada por Dios y útil para enseñar, para reprender, para corregir y para instruir en la justicia, a fin de que el siervo de Dios esté enteramente capacitado para toda buena obra" (vv. 16-17). No obstante, la clave no está en lo que conozcamos de las Escrituras.

Hay personas en la iglesia que pueden citar —de memoria— versículos y capítulos de la Biblia y, sin embargo, cuando enfrentan situaciones difíciles, tratan de protegerse a su manera. Son cautivos del temor al hombre.

No basta con leer las Escrituras; debemos adoptarlas como nuestra principal prioridad y obedecerlas.

Querido Padre celestial, perdóname por no equiparme como debería. Ayúdame no solo a escuchar tu Palabra sino a obedecerla. Fortaléceme para lo que pueda enfrentar en el mundo de hoy. Gracias por tu amor y tu protección. En el nombre de Jesús, amén.

SEGUNDA PARTE

Cuando necesitas valentía para vencer

Combate el desánimo

¡Qué felices son los que temen al Señor y se deleitan en obedecer sus mandatos! ... Ellos no tienen miedo de malas noticias; confían plenamente en que el Señor los cuidará. Tienen confianza y viven sin temor, y pueden enfrentar triunfantes a sus enemigos.

SALMOS 112:1, 7-8 NTV

Hoy es el día en que vas a borrar el desánimo de tu vida. Una de las mayores batallas a las que nos enfrentamos es el desánimo. Todo el mundo tiene que luchar contra esto.

Un día, mientras oraba, el Señor me pidió que dijera en voz alta algo contrario al valor.

"Miedo, por supuesto", le dije.

No, desánimo, susurró Dios.

De repente, ¡vi la palabra desánimo *bajo* una luz totalmente nueva! Deberíamos considerar el desánimo como lo opuesto a la valentía y, por lo tanto, no debe tener cabida en nuestra mente. Sin embargo, es algo que a menudo toleramos. No lo reconocemos como enemigo de nuestra fe, así que lo mimamos y lo consentimos, nos inclinamos ante él y nos compadecemos de nosotros mismos cuando nos invade.

Pero, ¿por qué? Si sabemos que Dios es nuestra fuente de alegría y valentía, no tenemos motivos para temer ni para desanimarnos. Cuando el desánimo, inevitablemente, llame a nuestra puerta, lo que tenemos que hacer es lo siguiente: ser fuertes y valientes.

Medita en un claro ejemplo de valentía que aparezca en la Biblia. Josué fue uno de los hijos de Israel que abandonaron Egipto para embarcarse en el gran éxodo. Caleb y él formaban parte de los doce hombres enviados por las tribus de Israel para espiar la tierra de Canaán. Esta era la tierra que Dios les había prometido. Sin embargo, diez de aquellos espías no creían que los israelitas pudieran conquistarla. Solo Josué y Caleb declararon con confianza que el Señor seguramente entregaría Canaán en sus manos. Los doce líderes vieron las mismas cosas, pero no de la misma manera ni desde igual perspectiva. Diez eligieron el camino de su propia capacidad, lo que los llevó al desánimo, y solo dos vieron la capacidad de Dios.

Esa fue la razón por la que Dios le dijo "Sé fuerte y valiente" (Deuteronomio 31:6) a Josué siete veces —ya fuera a través de Moisés, de los ancianos o del propio Dios— antes de entrar en la tierra prometida. El Señor sabía que ese sería uno de los mayores desafíos de Josué.

El desánimo aparece en las sequías de nuestra vida. Llega en medio de la batalla cuando nos sentimos abandonados por Dios.

Los verdaderos enemigos de los israelitas no eran los gigantes intimidantes que vivían en la tierra prometida. No: los enemigos eran los insultantes susurros que captaban en sus mentes para que permanecieran en el miedo.

Josué y Caleb temían más a Dios que a cualquier enemigo amenazador. Por eso, se convirtieron en los dos únicos miembros originales del éxodo que entraron y poseyeron la tierra prometida.

Querido Padre celestial, dame el valor para disipar el desánimo con palabras tuyas que sean de fe y esperanza. Que me deleite en el temor a ti, pues es "fuente de vida, para apartar a uno de las asechanzas de la muerte" (Proverbios 14:27). En el nombre de Jesús, amén.

Proclama la verdad

¿Quiénes son los que temen al Señor? Él les
mostrará el sendero que deben elegir.

SALMOS 25:12 NTV

Hace falta valor para hablar claro. No preocuparse por
lo que los demás piensen de uno, sino comunicarse de
un modo que honre a Dios. La historia de Juan el Bautista y
Herodes ofrece una ilustración inspiradora y dramática al
respecto.

Juan el Bautista tuvo una misión singular toda su vida:
apuntar a los demás a Jesucristo. Pero una cosa era proclamar
a su Señor y Salvador a una multitud reunida para escuchar-
lo y otra, muy distinta, enfrentarse a Herodes Antipas, el
gobernante de Galilea en el imperio romano. Juan no dudó
en reprender a Herodes por divorciarse de su esposa y tomar
a la mujer de su hermano, Herodías, como su cónyuge. La
condena pública de Juan lo llevó a la cárcel.

El rey Herodes no quería que ejecutaran a Juan el Bautista.
Le parecía fascinante y sabía que Juan tenía muchos seguidores, lo que podría provocar una rebelión si mataba al profeta.
Sin embargo, en una fiesta, un Herodes borracho juró dar a la
hija de Herodías todo lo que quisiera. La muchacha buscó el
consejo de su madre y pidió la cabeza de Juan en una bandeja.

Juan sabía las consecuencias de hablar en contra de Herodes, sin embargo nunca dudó en decir la verdad en público. El rey, sin embargo, temía lo que pudiera pensar la gente que lo rodeaba. Aunque Herodes no quería matar a Juan el Bautista —aun la petición lo entristecía— accedió a que lo ejecutaran en las oscuras profundidades de la prisión para salvar la cara ante el pueblo.

A. T. Robertson, predicador y erudito bíblico, dijo lo siguiente acerca de Juan hablando contra Herodes: "Le costó la cabeza, pero es mejor tener una cabeza como la de Juan y perderla que tener una cabeza ordinaria y conservarla".[1]

Puede que no tengamos que preocuparnos por arriesgar nuestra vida física, pero decir la verdad bíblica puede causarnos verdaderas dificultades: emocionales, financieras, sociales o de otro tipo. Por tanto, no dudes en ser fuerte y auténtico. Sé receptivo y franco con la verdad que conoces, y proclámala cuando puedas. Dios te dará valentía para hablar y proclamar la verdad.

Querido Padre celestial, mantenme fuerte hoy con mis pensamientos y mis acciones. Ayúdame a conocer las palabras correctas con las cuales hablar a los demás y guíame para que pueda ser un testigo de Jesús. Mantén mi corazón fuerte en un mundo lleno de odio y mentiras. En el nombre de Cristo, amén.

Prepárate para las tormentas

El temor del Señor es un baluarte seguro
que sirve de refugio a los hijos.

PROVERBIOS 14:26

Es muy fácil dejar que los problemas de hoy consuman nuestros corazones y nuestras mentes. Oímos las noticias sobre las guerras y el odio en nuestro mundo. Tenemos amigos que pasan por dificultades. Nuestro trabajo nos plantea problemas cotidianos. Y, a menudo, luchamos por mantener unidas a nuestras familias.

En medio de la locura cotidiana, Jesús nos da una orden: "Silencio, cálmense" (Marcos 4:39).

Dos palabras. Eso es todo lo que necesitó Jesús para acallar la tormenta que amenazaba a los discípulos y a él en la barca que navegaba en el mar turbulento. Los discípulos pasaron de temblar ante la amenaza del fenómeno climático a estremecerse ante el poder que ese Hombre acababa de manifestar. Incluso el viento y las olas obedecieron a Jesús.

En nuestros tiempos turbulentos, o cuando nos sintamos ansiosos o abrumados, recordemos que, al igual que Jesús habló a la tormenta, ¡Dios nos ha dado poder para hablar a la tormenta que arremete contra nosotros en su nombre!

Jesús, sin embargo, no se limitó a decir esas palabras alentadoras y terminar ahí. También reprendió a sus discípulos: "¿Por qué tienen tanto miedo? —dijo a sus discípulos—. ¿Todavía no tienen fe?" (Marcos 4:40).

Dios sabía que se levantaría la tormenta porque él conoce el final desde el principio. Había dirigido a Jesús y a los discípulos a la barca con plenamente consciente del peligro que les esperaba. Sin embargo, Dios también les dio a los discípulos la autoridad y el poder para dominar la tormenta, pero ellos respondieron con miedo.

Cuando el viento feroz y las olas se batían unos contra otros a su alrededor, pudieron haberse colocado en la proa de la barca sin miedo y gritar a pleno pulmón: "¡Tormenta, no vas a hacernos daño, ni nos detendrás! Estamos llegando al otro lado porque Jesús dijo que íbamos a esa orilla. Así que apártate de nuestro camino".

Los aguaceros y las perturbaciones que enfrentas pueden surgir de la nada. Tal vez se trate de tu salud, tus finanzas, tu matrimonio, tus hijos, el trabajo, la escuela, el rechazo o la persecución por tu fe.

Recuerda esto: Dios nunca nos lleva a una tormenta sin que nos dé el poder para vencerla. Las luchas, la agitación y los conflictos son inevitables, pero lo que separa a los que son derrotados en la vida de los que triunfan es el conocimiento de que podemos afrontar con valentía lo que se nos venga encima.

Dios nunca nos lleva a una tormenta sin que nos dé el poder para vencerla.

Cuando te sientas ansioso o abrumado, no olvides que nuestro Rey es el que calma la tormenta, ¡pero él espera que pronunciemos su palabra con fe!

Querido Señor, perdóname por olvidar que me has dado autoridad —en tu nombre— para hablar a las adversidades de la vida. Me has dado el poder para gobernar las tormentas que ataquen mi vida y mi propósito. Decido confiar en ti y alejarme hoy de cualquier temor y ansiedad. En el nombre de Jesús, amén.

Sé fuerte y valiente

Sean fuertes y valientes. No teman ni se asusten ante esas naciones, pues el Señor su Dios siempre los acompañará; nunca los dejará ni los abandonará.

DEUTERONOMIO 31:6

¿**A**lguna vez has sentido que la valentía piadosa, esa sobre la que lees en las Escrituras y oyes en los sermones, es solo para los héroes y las heroínas de la fe? ¿Sientes alguna vez que la valentía en Cristo solo puede venir después de años de caminar con él y de madurar como creyente?

La verdad es que la valentía es para todo creyente en cualquier momento de su fe. La fe valiente nacida del santo temor de Dios te dará poder cuando más lo necesites. Rahab es un bello ejemplo de ello. Su historia, en Josué 2, tiene todos los ingredientes de una película épica como *Gladiador*.

Los israelitas se estaban preparando para entrar en la tierra prometida de Canaán, pero el camino estaba bloqueado por la amurallada ciudad pagana de Jericó. Así que el líder de los israelitas tras la muerte de Moisés —Josué— envió a dos jóvenes a espiar la ciudad, los que acabaron escondiéndose en casa de una prostituta llamada Rahab. Cuando el rey de Jericó se enteró de que había espías en casa de esa prostituta, les ordenó que salieran. En un acto de audacia, temiendo a

La valentía es para todo creyente en cualquier momento de su fe.

Dios más que a los hombres, Rahab mintió y le dijo al rey que los espías ya se habían marchado, por lo que debía apresurarse para salir y atraparlos.

Cuando los hombres del rey se marcharon y los espías estuvieron a salvo, Rahab reveló la razón que tuvo para resguardarlos: "Sé que el Señor les ha dado esta tierra" (Josué 2:9 NTV).

Ella no dijo: "Yo sé que ustedes *dijeron que Dios les ha dado esta tierra*". Tampoco dijo: "*Si Dios* realmente les ha dado esta tierra...". Más aún, ella creía de verdad que Dios iba a darles la tierra a los israelitas por todo lo que él ya había hecho por ellos. Ella puso su vida, y la de su familia, en juego porque creía en el Dios verdadero.

La historia de Rahab, por supuesto, no terminó ahí. Pasado el tiempo se casó con Salmón, de la tribu de Judá, y tuvieron un hijo llamado Booz. Finalmente, Rahab se convirtió en la suegra de Rut y pasó a formar parte del linaje de Jesús. Hebreos 11 la incluye en la extraordinaria lista de los héroes de la fe, situándola entre gente como Moisés, David y Samuel.

La fe valiente puede llegar a cualquiera cuando surge del santo temor de nuestro imponente Dios. El Señor animó a Rahab a ser fuerte en medio de una gran prueba, y nunca se apartó de su lado. Sé fuerte y valiente hoy, independientemente de lo que enfrentes, consciente de que Dios está por ti y contigo.

Querido Padre celestial, gracias por dar valentía tanto a los fuertes como a los débiles. Ayúdame a recordar siempre que debo mantener la fe incondicional que mostró Rahab. Perdóname por las veces que he cuestionado o dudado de tu poder. En el nombre de Cristo, amén.

Fuerza para resistir

Dios es muy temido en la asamblea de los santos;
grande y portentoso sobre cuantos lo rodean.

SALMOS 89:7

La Segunda Guerra Mundial produjo muchos héroes que la historia recordará siempre. Soldados que murieron audazmente en campos de batalla lejos de sus hogares. Pero al igual que los héroes de la fe mencionados en Hebreos 11, hubo hombres y mujeres valientes que se enfrentaron a los males de la época. Dietrich Bonhoeffer fue uno de ellos.

Como pastor y teólogo alemán, Bonhoeffer fue testigo del ascenso de Adolfo Hitler al poder en su país. Muchos líderes alemanes de la iglesia y de la nación aplaudieron el ascenso del partido nazi. Sin embargo, Bonhoeffer se opuso a esa ideología y se pronunció en su contra. Tras involucrarse en el movimiento de resistencia alemán, fue detenido y ejecutado en un campo de concentración en abril de 1945.[1]

Mientras pasaba un tiempo en las prisiones alemanas antes de ser ejecutado a la edad de treinta y nueve años, Bonhoeffer escribió lo siguiente:

Creo que Dios puede sacar y sacará el bien del mal, incluso del mal más grande. Para ese propósito necesita hombres que hagan el mejor uso de todo. Creo que Dios nos dará toda la fuerza que necesitemos para ayudarnos a resistir en todos los momentos de angustia. Pero nunca nos la da por adelantado, para que no confiemos en nosotros mismos sino solo en él. Una fe como esta debería disipar todos nuestros temores frente al futuro.[2]

Durante la ejecución de Bonhoeffer, el médico del campo de concentración describió los últimos momentos de la vida de este mártir cristiano:

Vi al pastor Bonhoeffer... arrodillado en el suelo orando fervientemente a Dios. Me conmovió en lo más profundo la forma de orar de este hombre entrañable, tan consagrado y tan seguro de que Dios escuchaba su plegaria. En el lugar de la ejecución, volvió a pronunciar una breve oración y luego subió los pocos escalones hasta la horca, valiente y sereno. Su muerte sobrevino a los pocos segundos. En los casi cincuenta años que trabajé como médico, casi nunca he visto morir a un hombre tan enteramente sumiso a la voluntad de Dios.[3]

El impacto de Dietrich Bonhoeffer en el cristianismo desde su muerte ha sido profundo. Dejó un legado de valentía y fe en todos sus escritos, como su clásico libro *El costo del discipulado.*

Hombres y mujeres como Bonhoeffer son dignos ejemplos a seguir para nosotros. Aunque nuestro país no esté inmerso en un conflicto bélico físico, siempre estamos en una guerra espiritual, con batallas que se libran a cada momento del día. Pero recuerda, como dijo Bonhoeffer, Dios nos da la fuerza para resistir al mal.

¿Quiénes son algunos de los héroes de la fe que te inspiran? ¿Cómo puedes ser fuerte y victorioso hoy en tus batallas espirituales?

Querido Padre celestial, te alabo por tener el control de mi vida. Ayúdame a enfrentarme a los males de este día y a disipar todos los temores destructivos. Lléname de tu fuerza para ganar las batallas que sostengo hoy. En el nombre de Jesús, amén.

Apóyate en una base firme

"Sobre esta piedra [del conocimiento revelado por Dios] edificaré mi iglesia, y las puertas de los dominios de la muerte [el infierno] no prevalecerán contra ella".

MATEO 16:18

"Te vi con Jesús el Galileo".

En medio del patio, junto al fuego crepitante, las palabras de la sirvienta incineraron el alma de Pedro. Con una multitud de rostros mirándolo fijamente, el discípulo negó con la cabeza.

"No tengo ni idea de lo que estás hablando".

Más tarde, mientras se escabullía hacia la puerta, otra mujer afirmó lo mismo: "Este hombre estaba con Jesús".

"¡No lo conozco!", le gritó Pedro. "Juro que nunca lo he visto antes".

No mucho después, otro desconocido se le acercó. "Tienes que ser uno de ellos. Me doy cuenta por tu acento: te delata".

Pedro comenzó a maldecir, su negación era vehemente e inquebrantable.

"¡No tengo ni idea de lo que estás hablando!".

En ese preciso momento, mientras cantaba el gallo, Pedro recordó lo que Jesús le había dicho: "Antes de que cante el gallo, me negarás tres veces" (Mateo 26:34).

Sin más, el gran y poderoso Pedro se desmoronó. Llorando por la culpa, se alejó, sin confianza en sí mismo. La declaración que una vez le había hecho a Jesús seguramente resonaba en su mente.

"Señor, estoy dispuesto a todo contigo. Iría a la cárcel por ti. ¡*Moriría* por ti!" (Lucas 22:33 BEM).

La historia de Mateo 26 podría haber terminado ahí. Sin embargo, Jesús tenía más planes para Pedro. Había orado para que la fe de Simón Pedro no decayera después de ese espectacular acto de rechazo público. Jesús sabía que de esa prueba surgiría un nuevo Pedro, uno que debía cumplir su destino a fin de fortalecer a sus hermanos y hermanas en Cristo.

La humillación y el quebrantamiento son ingredientes necesarios para recibir la gracia de Dios. No pasaría mucho tiempo antes de que el ángel del Señor hablara a María Magdalena en el sepulcro y señalara a Pedro: "Ahora vayan y cuéntenles a sus discípulos, incluido Pedro, que Jesús va delante de ustedes a Galilea. Allí lo verán, tal como les dijo antes de morir" (Marcos 16:7 NTV).

Después de sus repetidas negaciones, Pedro fue estremecido hasta la médula, pero el fundamento que Dios había puesto debajo permaneció. Era el fundamento seguro de la comprensión de Pedro de que Jesús era el Hijo de Dios, una base tan cierta que Pedro glorificó más tarde a Dios en su muerte.

¿Hasta qué punto son sólidas tus convicciones y seguras tus creencias? ¿Están centradas en Dios o fundadas en tu propia fuerza de voluntad? Aunque nos sintamos seguros de nuestra fe, hay personas y circunstancias que pueden estremecernos hasta la médula como hicieron con Pedro.

Nuestro fundamento seguro se revela en la Palabra de Dios, y será tu roca para aquellos momentos en los que seas probado, quebrantado y sacudido.

Querido Padre celestial, perdona mi rechazo y el hecho de negarte, tanto en público como en privado. Siento las veces que me he encogido o he huido de la adversidad. Al fragor de la batalla, he perdido de vista a Jesús, lo que lamento profundamente. Ayúdame a pararme sobre una base firme, una que no pueda ser sacudida. En el nombre de Jesús, amén.

La humillación y el quebrantamiento son ingredientes necesarios para recibir la gracia de Dios.

Cuidado con el orgullo

[Estas personas] por la fe esas personas conquistaron reinos, gobernaron con justicia y recibieron lo que Dios les había prometido. Cerraron bocas de leones, apagaron llamas de fuego y escaparon de morir a filo de espada. *Su debilidad se convirtió en fortaleza.*

HEBREOS 11:33-34 NTV (ÉNFASIS AÑADIDO)

Algunas de las mayores y más valientes lecciones de fe llegan tras el fracaso. La valentía divina surge, a menudo, en aquellos que previamente han mostrado una gran cobardía. El apóstol Pedro es un ejemplo fehaciente de ello.

Este apóstol tuvo sus momentos brillantes. Después de todo, fue el discípulo que proclamó la declaración más trascendental acerca de Jesús: "Tú eres el Cristo, el Hijo del Dios viviente" (Mateo 16:16). También fue el que, después de afanarse en el mar toda la noche sin nada que mostrar, obedeció la instrucción de Jesús en cuanto a volver a lanzarse a aguas más profundas y echar de nuevo las redes. Simón Pedro estaba muy hambriento de las cosas de Dios y hacía preguntas audaces cuando otros permanecían en silencio. Fue él quien caminó sobre las aguas.

Y Pedro fue también el que negó a Jesús. Es algo difícil de creer, ¿te parece?

Cuando Jesús dijo a los discípulos que "aquí en esta mesa, sentado entre nosotros como un amigo, está el hombre que me traicionará" (Lucas 22:21 NTV), ¿cómo respondieron ellos? Discutieron quién podía ser y esa pregunta dio lugar a una discusión sobre quién de ellos era el más grande. ¿Puedes creer eso? Jesús *acababa de* decirles que estaba a punto de ser entregado a los jefes de los sacerdotes para ser condenado a muerte, sometido a los romanos para ser escarnecido, azotado y asesinado y, sin embargo, sus amigos más íntimos discutían como niños.

Es fácil adivinar quién inició ese debate: Simón Pedro. Como escribió A. W. Tozer: "El tal Pedro tenía fama de ser el primero porque era un hombre de lo más impetuoso. Era el primero o estaba entre los primeros en casi todo lo que ocurría y le tocaba mientras vivía".[1] Pedro seguramente confiaba en que era el más grande de los doce. Esa confianza, sin embargo, no estaba arraigada en el amor; estaba anclada en el orgullo.

Cuando tememos a Dios, no hay lugar para el orgullo. De hecho, el temor santo conduce a la verdadera humildad.

Pedro tuvo el valor de ponerse delante del ejército romano y cortarle la oreja a un soldado. Sin embargo, cuando una pequeña sirvienta lo interrogó acerca de Jesús, Pedro negó a Cristo. Es fácil ser valiente cuando todo va como uno cree que debe ir. Es mucho más difícil cuando estás entre la espada y la pared, las cosas no van según lo planeado, tu visión es limitada y tu reputación está en juego.

Por dicha, la historia de Pedro no había terminado. Después de negar a Cristo y del momento crucial en que Jesús lo condenó con una mirada (Lucas 22:61), el apóstol se humilló, se arrepintió de su orgullo y vivió su fe audazmente con un corazón aún más leal.

Cuídate del orgullo y busca la humildad, especialmente cuando tu fe se vea desafiada y haya mucho que superar. Cuando eres humilde, eso te permite apoyarte en Dios y confiar en su gracia para salir adelante más que en tu propia capacidad. Revestirte de humildad es llevar su armadura en vez de la tuya. Producirá una audacia tan fuerte en ti que hará que el enemigo tiemble y huya.

Querido Padre celestial, enséñame no solo a temerte sino a ser humilde ante ti. Ayúdame a ver cómo me hace valiente la verdadera y genuina humildad. Gracias por los ejemplos de aquellos que fracasaron y, sin embargo, fueron perdonados y se les dio gracia, de la misma manera que tú me has perdonado y me has dado gracia. En el nombre de Jesús, amén.

Transfórmate

En efecto, habiendo sido liberados del pecado,
ahora son ustedes esclavos de la justicia.

ROMANOS 6:18

Cuando se nos presenta por primera vez a María Magdalena, en Lucas 8, vemos que viajaba con Jesús y los doce apóstoles de un pueblo a otro difundiendo la buena nueva. La única parte de su pasado que menciona la Biblia es que Jesús expulsó de ella siete demonios. No se enumeran ofensas anteriores; no se registran detalles espeluznantes. Simplemente sabemos que Cristo la liberó de la esclavitud del pecado.

Esta era la buena noticia que Jesús y su grupo de seguidores estaban proclamando: que el arrepentimiento puede producir restauración. María Magdalena era un modelo vivo y palpable de ello. Ella ejemplificó Romanos 6:18 (BEM): "Toda su vida han dejado que el pecado les diga lo que tienen que hacer, pero gracias a Dios han empezado a escuchar a un nuevo amo, ¡uno cuyos mandatos los liberan para vivir en *su* libertad con plenitud!".

Una de las palabras más bellas y fortalecedoras de la Biblia es *arrepentimiento*. Término que habla de promesa y esperanza. Señala un nuevo comienzo. Es el punto de partida para recibir el don gratuito de la gracia de Jesús que transforma nuestras vidas.

El peligro está en permanecer en la línea de salida pero no correr nunca la carrera. En lo personal, creo que uno de los mayores obstáculos que hemos creado para disfrutar de una relación profunda e íntima con Dios es nuestra formulada "oración del pecador". Mucha gente piensa: *"He pronunciado la oración del pecador. Estoy cubierto por la gracia de Dios. Simplemente lo intentaré lo mejor que pueda porque los cristianos, en realidad, no somos diferentes de los pecadores: solo somos perdonados".*

Esto está muy lejos de la verdad que revelan las Escrituras. Se nos ha dado la "naturaleza divina" (2 Pedro 1:4); por tanto, es nuestra responsabilidad caminar en ella. Se nos dice que "llevemos una vida digna de [nuestra] vocación" (Efesios 4:1 NTV). La verdadera santidad es una cooperación entre la divinidad y la humanidad. Dios suministra la gracia, pero nosotros debemos cooperar, porque la gracia nos capacita para limpiarnos a nosotros mismos (2 Corintios 7:1).

Gracia, qué clase de don. La gracia nos salva. Nos concede una nueva naturaleza. Nos capacita para vivir como Jesús. Y es algo que nunca podremos ganarnos. Pero requiere arrepentimiento, porque sin eso no podemos experimentar la vida que Dios tiene para nosotros. Sin arrepentimiento, no nos alejaremos permanentemente de un estilo de vida egoísta.

He aquí la buena noticia: cuando confesamos humildemente nuestros pecados y nos arrepentimos, Dios nos perdonará y nos capacitará para alejarnos de lo que una vez nos mantuvo esclavizados. Podemos superar nuestro pasado y derrotar los pecados que impiden que seamos transformados.

El arrepentimiento no es como la oración del pecador; es una práctica constante. Con la confesión habitual y la ayuda del Espíritu Santo, podemos abandonar nuestros propios caminos y vivir de acuerdo a los de Jesús.

Querido Padre celestial, es solo por el poder de tu gracia que puedo tener la vida piadosa que tienes para mí. Perdóname por tratar de vivirla por mis propios esfuerzos. Dame la fuerza para apartar mi vida de modo que te glorifique a ti. En el nombre de Jesús, amén.

Fortaleza para tiempos difíciles

Lo mismo sucede con mi palabra. La envío y siempre produce fruto; logrará todo lo que yo quiero, y prosperará en todos los lugares donde yo la envíe.

ISAÍAS 55:11 NTV

En 1863, nuestra nación estaba destrozada y ensangrentada, además de que el presidente Abraham Lincoln se encontraba abatido y preocupado. La Guerra Civil, durante dos años, había diezmado el país. Miles de soldados fallecieron en el campo de batalla. Aunque la Confederación tenía inferioridad numérica y no estaba preparada para luchar contra la Unión, el excelente liderazgo de los generales sureños y la fuerte moral de los soldados impulsaron al Sur a múltiples victorias.

Tras una visita al Departamento de Guerra, Lincoln regresó a casa algo desanimado. Su esposa se dio cuenta de su angustia.

"¿Has oído alguna noticia?", le preguntó Mary Todd Lincoln a su marido.

"Sí, muchas, pero ninguna buena. Está oscuro, tenebroso por todas partes".

Un año antes, el querido hijo de once años de Lincoln, Willie, había fallecido. El presidente aún acarreaba un profundo dolor en su interior.

En esa ocasión, Lincoln agarró una Biblia y comenzó a leerla. Al cabo de quince minutos, todo en su comportamiento cambió. El rostro de Lincoln parecía más alegre. Elizabeth Keckley, la costurera de Mary Lincoln, relató la escena en sus memorias:

> La mirada abatida había desaparecido y el semblante se iluminó con nueva resolución y esperanza. El cambio era tan marcado que no pude menos que maravillarme; el asombro me llevó a desear saber qué libro de la Biblia proporcionaba tanto consuelo al lector.[1]

Elizabeth descubrió que Lincoln había estado leyendo el libro de Job.

"¡Qué imagen tan sublime! El gobernante de una nación poderosa acudiendo a las páginas de la Biblia con sencilla seriedad cristiana en busca de consuelo y valor, y encontrando ambas cosas en las horas más oscuras de la calamidad de una nación".[2]

Abraham Lincoln conocía el poder que hay en las Escrituras. Durante sus momentos más tenebrosos, Lincoln encontraba confianza en la Biblia. "Con respecto a este Gran Libro", dijo Lincoln, "no tengo más que decir que es el mejor regalo que Dios ha dado al hombre. Todo el bien que el Salvador dio al mundo se comunicó a través de este libro".[3]

Cree en el poder de las Escrituras para transformarte y, en el proceso, cambiar tu perspectiva.

Todos experimentamos momentos duros y dificultosos en nuestras vidas. ¿A dónde acudes cuando sientes desesperación o cuando te duele el corazón? ¿Intentas consolarte con alivios temporales y carnales o con meros pensamientos positivos, o crees en el poder de las Escrituras para transformarte y, en el proceso, cambiar tu perspectiva? Dedica hoy tiempo a la Palabra y cree, como Lincoln, que ella es la fuente de la fuerza necesaria.

Querido Padre celestial, gracias por hablarnos a través de la Biblia. Me maravilla que tu Palabra sea santa y perfecta. Perdóname por no acudir a las Escrituras en los momentos en que me siento abrumado y cansado. Dame fuerza hoy para todo lo que tendré que afrontar. Te lo pido en el nombre de tu Hijo, amén.

Supera la derrota

No se dejen intimidar por sus enemigos ... Pues a ustedes se les dio no solo el privilegio de confiar en Cristo sino también el privilegio de sufrir por él.

FILIPENSES 1:28-29 NTV

Imagínate trabajando en secreto para hacer llegar la Palabra de Dios al pueblo, ¡arriesgando tu propia vida para entregar las Escrituras al público!

Puede que nos resulte difícil en el mundo libre de hoy imaginar esa realidad y los riesgos que la acompañan cuando tenemos la Biblia tan fácilmente a nuestro alcance en todas partes, incluso en nuestros teléfonos. Podemos acceder a la Biblia en casi cualquier idioma y en cualquier momento. Pero hace siglos, cuando estaba custodiada por unos pocos y no era accesible para el ciudadano promedio, un hombre valiente superó numerosos obstáculos y derrotas para hacer llegar la Palabra a las masas.

William Tyndale fue un erudito y sacerdote que se inspiró para traducir la Biblia al inglés. En el siglo dieciséis, estaba prohibido por ley que la Biblia se tradujera a otro idioma que no fuera el hebreo y el griego. Pero tras la Reforma, que sucedió a principios del siglo dieciséis y que desencadenó un movimiento para que la doctrina de la Iglesia y las Escrituras fueran accesibles a todo el mundo, Tyndale se animó a superar las barreras.

Al principio, se dirigió a un obispo llamado Cuthbert Tunstall para que lo ayudara con la traducción al inglés, pero este rechazó su petición. De modo que Tyndale se trasladó a Alemania en 1524 para empezar a trabajar en la traducción e impresión del Nuevo Testamento en inglés.

Durante el resto de su vida, Tyndale se encontró con un obstáculo tras otro. Fue traicionado y obligado a huir de su casa. Sus primeros ejemplares del Nuevo Testamento fueron incautados y quemados. Y en un viaje para imprimir el libro de Deuteronomio, naufragó y lo perdió todo: "Sus libros, sus escritos y sus copias, su dinero y su tiempo, por lo que se vio obligado a empezar todo de nuevo".[1]

Algunos obstáculos estaban incluso más cerca de casa. El mundo religioso de su época se opuso a Tyndale en su empeño por hacer llegar la Biblia al pueblo. Eso no lo detuvo. Tyndale escribió: "Cristo está con nosotros hasta el fin del mundo. Por tanto, que su pequeño rebaño sea valiente. Porque si Dios está de nuestro lado, ¿qué importa quién esté contra nosotros, sean obispos, cardenales, papas o los nombres que quieran?".[2]

William Tyndale consiguió finalmente imprimir el Nuevo Testamento en inglés, y también logró imprimir los cinco primeros libros del Antiguo Testamento. Pero acabó su vida como un verdadero mártir. Mientras seguía trabajando en la traducción e impresión del resto de la Biblia, fue traicionado por un amigo y lo encarcelaron. Después fue condenado por herejía y ejecutado por estrangulamiento hasta morir. Su cuerpo fue quemado en la hoguera. Las últimas palabras registradas de su vida fueron una oración a Dios para que las Sagradas Escrituras fueran difundidas por toda Inglaterra.

"¡Señor! Abre los ojos del rey de Inglaterra", gritó mientras estaba en la hoguera a punto de ser asesinado.[3] ¡Qué hombre tan valiente y qué ejemplo de valentía al superar tantos obstáculos por el bien del reino!

¿En qué áreas de tu vida puedes ser audaz por Cristo? Puede que no te enfrentes a la persecución que padeció Tyndale, pero ¿hay alguna derrota u obstáculo que debas superar, aunque suponga un sacrificio por tu parte?

Querido Señor todopoderoso, gracias porque tenemos acceso a tu Santa Palabra. Perdóname por subestimarla, y ayúdame a acercarme a ella con gratitud, consciente de las vidas que costó hacerla llegar hasta mí. Dame hoy poder a través de tus palabras. En el nombre de Jesucristo, amén.

TERCERA PARTE

Cuando necesitas valentía ante lo desconocido

Descubre el camino de Dios para ti

¿Quién sabe si no llegaste a ser reina precisamente para un momento como este?

ESTER 4:14 NTV

¿**A**lguna vez te has preguntado por qué te encuentras en la estación en que estás? ¿Te ves, a veces, tan envuelto en proyectos y preocupaciones que pierdes de vista lo que Dios está haciendo? ¿O alguna vez te has sentido desconectado y como si Dios te hubiera abandonado en lo desconocido?

Dios nunca te abandona. No importa la situación por la que estés pasando ni la estación de la vida en la que te encuentres, Dios siempre está controlando y orquestando los acontecimientos de tu vida. Incluso en esos momentos en los que el camino no está claro o parece que él no está, Dios está presente en todos los aspectos de tu vida.

El libro de Ester, en el Antiguo Testamento, es un ejemplo de la magnífica providencia de Dios en la vida de una persona. Si estás familiarizado con esa historia, quizá hayas observado algo notable: en ese libro nunca se menciona a Dios. Ni una sola vez. Sin embargo, la historia de Ester representa la manera en que Dios actuó para librar al pueblo judío de su destrucción.

No importa la situación por la que estés pasando ni la estación de la vida en la que te encuentres, Dios siempre está controlando y orquestando los acontecimientos de tu vida.

Ester fue la hermosa muchacha judía elegida entre muchas mujeres para ser la esposa del rey Jerjes I, el gobernante del gran imperio persa. Cuando se dictó una ley que ordenaba ejecutar a todos los judíos del país, Ester arriesgó su vida para pedir que se salvara la nación judía. En cada parte de la apasionante saga de Ester, vemos la mano de Dios actuando tras bastidores, aunque nunca se lo menciona.

Del mismo modo, Dios está presente en tu vida. Él te imaginó antes de que nacieras. Cada día de tu vida fue detallado y escrito minuciosamente, cada momento fue documentado, antes de que tuvieras siquiera un día de vida (Salmos 139:16). Nada sorprende a Dios. Este es un pensamiento fenomenal y sobrecogedor. Dios lo tiene todo planificado: tiene planes para cuidar de ti y para darte un futuro esperanzador (Jeremías 29:11). Sin embargo, Dios aún espera que tú busques su voluntad para tu vida.

El Señor planeó tus caminos antes de que nacieras, pero —como escribió Pablo en Efesios 5:17—: "No vivan de manera descuidada y sin pensar. Más bien, asegúrense de entender lo que el Señor quiere" (BEM).

Dios tenía un plan muy específico para Ester, y ella lo cumplió; pero tuvo que descubrir la manera que ideó para ella a lo largo del trayecto. Dios tiene un plan para ti, pero tienes que descubrirlo. Esto viene de la oración, de la lectura de su Palabra y de escucharle.

Busca la guía de Dios desde el momento en que te despiertes hasta el instante en que te duermas. Aunque él no grite que está presente, Dios siempre está contigo y sus planes para ti son buenos.

Querido Padre celestial, te pido que me concedas sabiduría para descubrir el propósito que tienes para mí. Gracias por orquestar los acontecimientos de mi vida e invitarme a recorrer el camino a fin de descubrir tu buen plan para mí. Me asombra que me llames tu obra maestra. Ayúdame a recordar que esta vida presente es un vapor y a enfocarme en lo eterno. En el nombre de Cristo, amén.

Confía en su provisión

"No se puede servir a Dios y estar esclavizado al dinero. Por eso les digo que no se preocupen por la vida diaria ... ¿Acaso no es la vida más que la comida y el cuerpo más que la ropa?".

MATEO 6:24-25, 27 NTV

Jesús nos ordena que no nos preocupemos. ¿Por qué? Porque Dios nunca permitirá que nos falte nada. David lo declaró en el Salmo 37 cuando escribió: "Fui joven y ahora soy viejo, pero nunca he visto al justo en el abandono ni que sus hijos mendiguen pan" (v. 25).

Pero incluso sabiendo eso, hay momentos en nuestras vidas en los que confiar en Dios no es fácil.

En 1990, Lisa y yo estábamos iniciando el ministerio y criando una joven familia. Aunque nunca nos habíamos retrasado en el pago de una sola factura, teníamos 300 dólares a nuestro nombre y éramos responsables del pago de una casa de 740 dólares al mes, el pago de un auto de 300 dólares al mes y de los gastos de nuestros dos bebés. No sabíamos de dónde iba a salir el dinero, pero Dios me había dicho que no llamara a las iglesias ni escribiera cartas intentando conseguir invitaciones de ministerios para hablar a cambio de una remuneración.

En abril de ese año, las cosas empezaron a escasear. No tenía ninguna reunión programada y llevaba un mes entero en casa. Nuestras finanzas estaban muy bajas. Una mañana temprano, salí a orar. Estaba al límite de mis fuerzas, por lo que mi tiempo de oración se convirtió más en clamar en alta voz a Dios que pedirle en silencio.

"Padre celestial, estoy haciendo lo que me ordenaste. Si no abres las puertas y provees, iré y conseguiré un trabajo empaquetando comestibles y le diré a todos que no proveíste para nosotros. Pero no me voy a vender. Si me has llamado, me abrirás las puertas. Te entrego esta preocupación totalmente a ti".

Ahora bien, no estoy muy seguro de que hoy hubiera hecho una declaración tan descarada como esa vez, pero había algo en la audacia de mi fe que agradó a Dios, porque —poco después de eso— una iglesia de Michigan nos pidió que fuéramos a predicar para una reunión de cuatro días. Esa reunión de cuatro días se convirtió en veintiún servicios. Fue un avivamiento y una gran bendición financiera. Después de eso, mi itinerario nunca estuvo sin actividades.

Aunque vivimos tiempos turbulentos e inciertos, te animo a que recuerdes quién es tu Proveedor. No es tu empleador, ni tu sueldo, ni la bolsa de valores, ni la economía. Dios es tu Proveedor.

Querido Padre celestial, perdóname por las veces que me preocupo por la provisión. Tú te preocupas por las aves del cielo y mucho más por mí. Confiaré en ti para que me proveas de todo lo que necesite. En el nombre de Jesús, amén.

Obedece a Dios por completo

"Ahora sé que temes a Dios, porque ni siquiera te has negado a darme a tu único hijo".

GÉNESIS 22:12

Abraham tenía un santo temor de Dios. Lo vemos claramente en Génesis 22, cuando este le pidió a Abraham que hiciera un gran sacrificio. La historia es más o menos así:

Cuando Abraham era viejo, Dios acudió a él una noche.

—¡Abraham!

—Sí, Señor. Aquí estoy.

—Quiero que agarres a tu hijo, al que tanto quieres y por el que has esperado veinticinco años, para que hagas un viaje de tres días y lo sacrifiques por mí.

¿Puedes imaginarte lo duro que debió ser eso? ¿Cómo pudo Dios pedir algo tan espantoso, tan alucinante, a su piadoso seguidor? ¡Ni siquiera le dio una razón!

Solo puedo imaginar lo que pensaba Abraham.

¿Estoy oyendo esto bien? ¿Se trata de un mal sueño? ¿Cómo puede ser esto? Amo a mi hijo Isaac, no puedo darle muerte. Se ha prometido que reyes y naciones vendrán a través de él. ¿Cómo puede cumplirse esta promesa si lo mato?

Sin embargo, a pesar de su escasa comprensión, leemos que "Abraham se levantó de madrugada y ensilló su asno" (Génesis 22:3). No tenía respuestas ni razones ni lógica, pero optó por obedecer a Dios, de todos modos.

Abraham no esperó meses o semanas ni incluso días para actuar ante la petición de Dios. Actuó a *la mañana siguiente.* Aunque era lo más doloroso para él, obedeció a Dios. Isaac fue el cumplimiento de la promesa de Dios con su vida. Abraham había esperado pacientemente por más de veinticinco años para ver cumplida la promesa de Dios y, ahora, se le pidió que lo dejara todo; y Dios ni siquiera le dio una explicación. Aun así, obedeció.

Todos conocemos el final de la historia —Dios perdonó a Isaac y cumplió todas sus promesas— pero Abraham no sabía cómo acabaría aquello. Todo lo que sabía era que temía a Dios y confiaba plenamente en él, aun cuando eso no tenía sentido para su mente natural.

Abraham fue a la montaña, construyó el altar y luego puso a Isaac encima y levantó su cuchillo, listo para dar muerte a su preciado hijo... cuando, de repente, apareció un ángel y le dijo que se detuviera. "No pongas tu mano sobre el muchacho ni le hagas ningún daño —dijo el ángel—. Ahora sé que temes a Dios" (v. 12).

¿Lo captaste? Dios quería saber si Abraham *le temía.* Quería saberlo a tal punto que lo sometió a una definitiva prueba de obediencia. Y la respuesta de Abraham demostró que sí temía a Dios.

La obediencia es la evidencia externa del temor al Señor. Cuando tememos a Dios, lo obedecemos, aunque duela, aunque no lo entendamos, aunque no podamos ver el beneficio.

Dios nunca nos pondrá a prueba exactamente como a Abraham, pero podría pedirnos un gran sacrificio que nos parezca imposible de hacer. ¿Le obedecerás?

¿Qué te pide Dios que hagas en obediencia? Tu obediencia a Dios te abrirá las puertas a su bendición y te posicionará para entrar en todo lo que él tiene para ti.

Querido Jehová-Jireh, mi Señor y Proveedor, dame la fuerza para obedecerte aunque no me parezca insensato, aunque me duela y aunque no vea beneficio alguno. Perdóname por no darle prioridad a tus deseos y tus mandatos ante todo lo demás en mi vida. Te pido un santo temor y la gracia para obedecerte completamente. En el nombre de Jesús, amén.

Una gran recompensa

Teme siempre al Señor. Si lo haces, serás
recompensado; tu esperanza no se frustrará.

PROVERBIOS 23:17-18 NTV

Necesitamos una fe valiente cuando nos enfrentamos a lo desconocido, una fe audaz para vivir por un futuro que no podemos trazar a la perfección. Pero Dios promete que nuestras esperanzas no se verán defraudadas, que seremos recompensados si seguimos temiéndolo.

Dios tiene una gran recompensa esperándonos si solo lo buscamos. No una recompensa mundana de fama, fortuna y diversión, sino una mucho mayor. ¿Cuál es exactamente esa recompensa?

Moisés se hizo esa misma pregunta mientras esperaba con fe.

Durante cuarenta años, Moisés creció y vivió con una tremenda riqueza en la casa del faraón en Egipto: las mejores comidas, la ropa de moda, las mejores posesiones materiales y cualquier placer deseable. Vivía en un hogar espectacular; nadie en la tierra era más rico o poderoso que su abuelo, el faraón. Sin embargo, mira lo que dice Hebreos 11:24-28 en *El Mensaje*:

Por fe, Moisés —cuando creció— rechazó los privilegios de la casa real egipcia. Prefirió el andar difícil junto al pueblo de Dios que la vida fácil y llena de oportunidades con los opresores. Valoró mucho más el sufrimiento por causa del Mesías que la riqueza de los egipcios, porque miraba hacia el futuro, anticipaba la recompensa. Por un acto de fe, salió de Egipto, indiferente a la rabia ciega del rey. Tenía los ojos puestos en aquel a quien nadie puede ver, y siguió adelante. Por fe, celebró la Pascua y roció cada casa con la sangre para que el destructor de los primogénitos no los tocara.

Moisés podría haberse quedado en el palacio e intentar servir a Dios con seguridad y lujo, pero sabía que había algo más en el plan de Dios para él; mucho más, en efecto. Así que decidió alejarse de todo lo que era seguro, cómodo y conocido. Moisés supo que tenía un llamado de Dios a su vida a sus cuarenta años de edad. Por supuesto, pasaron otros cuarenta largos años antes de que descubriera exactamente lo que buscaba. Pero primero Moisés necesitaba ser refinado y preparado para lo que Dios tenía reservado para él.

Fíjate en lo que Moisés deseó, en última instancia, como su mayor recompensa. Cuando Dios le ordenó que reuniera a su pueblo y lo llevara a la tierra prometida, diciéndole que había asignado un ángel para guiarlo, Dios también declaró: "Yo no los acompañaré" (Éxodo 33:3 NTV). Los israelitas habían anhelado la tierra prometida por generaciones. Sin embargo, fíjate en la respuesta de Moisés a la oferta de Dios:

Necesitamos una fe valiente cuando nos enfrentamos a lo desconocido, una fe audaz para vivir por un futuro que no podemos trazar a la perfección.

"Si tú mismo no vienes con nosotros, no nos hagas salir de este lugar" (Éxodo 33:15 NTV).

Moisés reveló, en esencia, que si tenía que elegir entre la presencia de Dios y las bendiciones de Dios, prefería la primera, aun en la incomodidad del desierto. Moisés deseaba estar lo más cerca e íntimo posible de Dios. Esa era la codiciada recompensa de Moisés y Dios se la concedió.

¿Cuál es tu gran recompensa? ¿Qué llamado tiene Dios para ti? ¿Estás dispuesto a dejar los "palacios" o lugares cómodos para buscar a Dios e ir adonde te está llamando?

Querido Padre celestial, sé que no solo quieres que hable de mi fe sino que actúe en consecuencia. Por favor, dame valor y audacia para vivir de una manera que glorifique a Jesús mientras marcho hacia un futuro desconocido. Tú eres mi gran recompensa y nadie puede quitármela. En el nombre de Jesús, amén.

Ora con valentía

Y estamos seguros de que él nos oye cada vez que le pedimos algo que le agrada.

1 JUAN 5:14 NTV

A medianoche, una madre ora por su hijo, suplicando a Dios que salve su alma. Ha pasado su juventud siguiendo sus deseos, buscando respuestas mientras desarrollaba un estilo de vida promiscuo. Pero la madre nunca perdió la esperanza, como escribiría su hijo un día: "Mi madre, tu fiel sierva, lloró por mí más de lo que las madres lloran por los cadáveres de sus hijos. Guiada por el espíritu de fe que recibió de ti, ella anticipó mi muerte, y tú —Señor— la escuchaste con gracia".[1]

Durante quince años esa mujer —Mónica— oró, lloró y ayunó por su hijo, Aurelius Augustinus Hipponensis, que con el tiempo sería conocido como Agustín de Hipona.

Agustín, un joven errante que había buscado durante mucho tiempo el significado de la vida en todos los lugares equivocados, se vio finalmente confrontado con la verdad que había estado indagando. Se quedó aterrorizado, incapaz de escapar de sí mismo y del desastre que había hecho con su ser. Tras ver la conversión de fe de dos hombres, se volvió hacia un amigo íntimo suyo que estaba conmocionado.

"¿Qué nos pasa? ¿Qué significa esta historia? Estos hombres, pese a carecer de educación, se levantan y arremeten contra las puertas del cielo, mientras que nosotros, a pesar de todos nuestros conocimientos, yacemos aquí postrados en este mundo terrenal".

Agustín podría haber huido fácilmente del tirón que Dios le daba a su corazón y volver a sus deseos y sus distracciones carnales pero, en vez de ello, se encontró atraído por las Escrituras. Abrió la Biblia en la Carta de Pablo a los Romanos y leyó lo siguiente: "Vivamos decentemente, como a la luz del día, no en orgías y borracheras, ni en inmoralidad sexual y libertinaje, ni en desacuerdos y envidias. Más bien, revístanse ustedes del Señor Jesucristo y no se preocupen por satisfacer los deseos de la carne" (Romanos 13:13-14).

No necesitó leer más. En ese instante, su corazón se llenó de fe en Cristo. Cualquier duda que hubiera arrastrado desapareció.

El relato de la conversión de Agustín tuvo un enorme impacto en la historia cristiana, se convirtió en uno de los padres de la Iglesia y en uno de los teólogos más influyentes de todos los tiempos.

Su historia no solo revela que Dios puede redimir a cualquiera. También muestra la confianza inquebrantable de la fe de una madre.

La fe valiente no siempre llega en forma de conversaciones y acciones públicas. También llega en silencio y en la soledad, con el corazón abierto a nuestro Padre celestial y pidiendo su misericordia. Se nos promete que Dios responderá a nuestras oraciones de fe; sin embargo, el "cuándo" y el "cómo" dependen de él. Lo único que hay que hacer es seguir pidiendo con fe ante Dios.

Querido Padre bondadoso y amoroso, tú lo sabes todo y escuchas cada oración de fe que se te ofrece. Gracias por escucharme y responder mis oraciones en tus maneras perfectas. Sé que siempre me escuchas, por lo que estoy muy agradecido. Así que guíame ahora mientras te invoco con confianza. En el nombre de Jesús, amén.

Espera con paciencia en el desierto

Espera con paciencia al Señor; sé valiente y esforzado; sí, espera al Señor con paciencia.

SALMOS 27:14 NTV

¿Sientes que Dios está a kilómetros de distancia? ¿Pareces ir en dirección opuesta a tus sueños y a las promesas que estabas seguro que él te había hecho? ¿Sientes que la presencia de Dios parece disminuir en vez de crecer? Tal vez incluso te sientas poco amado e ignorado.

Todos los creyentes nos hemos sentido así alguna vez. Todos pasamos tiempo en el desierto. Si queremos ser como Jesús, nuestro carácter debe desarrollarse y, muchas veces, esto sucede en un lugar árido. Uno muy común en el que se encuentran los seguidores sinceros de Cristo. Puede que sientas que Dios te ha abandonado, pero en realidad, está cerca, habiendo prometido no dejarte ni desampararte nunca (Hebreos 13:5).

No olvides que muchos santos se forjaron en el desierto.

A Abraham, un hombre rico de Ur que vivía con todas las comodidades, Dios le pidió que lo dejara todo para encontrar una nueva tierra prometida. Él y Sara terminaron en un largo viaje pasando muchas noches solitarias en el desierto.

También tenemos a Moisés, que pasó cuarenta años en el desierto. José, que estuvo atrapado en la esclavitud y luego en la mazmorra del faraón. David, que se escondía en cuevas. Juan el Bautista, que vivió en los desiertos de Judea, vistiendo pieles de animales y comiendo insectos. Jesús, que tras ser lleno del Espíritu fue conducido inmediatamente al desierto durante cuarenta días. Juan el apóstol, que fue exiliado a la desértica isla de Patmos.

Todos esos héroes de la fe pasaron sus temporadas en el desierto, el cual fue un lugar de preparación para la siguiente fase de lo que Dios les llamó a hacer por el reino. Muy a menudo, cuando Dios nos muestra grandes cosas que pretende hacer a través de nosotros en el futuro, primero nos conduce a un desierto con el fin de prepararnos.

Dios tiene un plan para tu temporada en el desierto y no pretende que pases allí más tiempo del necesario, pero —en última instancia— depende de ti que se prolongue. El desierto no es más que un lugar de preparación antes de que Dios nos guíe hacia nuestra promesa. Cuanto más presionemos a Dios a través de la rendición, la obediencia y la confianza, más rápido entraremos a todo lo que él tiene para nosotros.

Si estás atrapado en un desierto, cree que Dios ha de estar allí contigo. Te ha llevado a ese lugar para que puedas saber lo que hay en tu corazón. El desierto es donde se refina tu fe y se desarrolla tu carácter.

No abandones tu búsqueda de él. No te rindas. Espera con paciencia en el desierto. Mantén la visión que él te ha dado, no importa cómo surjan las circunstancias.

Querido Padre celestial, perdóname por dudar de tu presencia constante. Ayúdame a ser paciente cuando no te escucho y a perseguir siempre tu voluntad para mi vida, incluso en las estaciones secas y en el desierto. Confío en que me estás preparando y refinando. En el nombre de Jesús, amén.

Dirección en el desierto

Cumple los deseos de quienes le temen;
atiende a su clamor y los salva.

SALMOS 145:19

¿**A**lguna vez te has sentido inseguro en cuanto al plan de Dios para ti? Tal vez tengas deseos o sueños insatisfechos que has estado esperando durante años, décadas incluso. Tal vez hayas atendido al llamado de Dios a trabajar en lugares desconocidos, pero ahora estás esperando y te sientes atascado porque no ves el camino a seguir.

No es fácil ser paciente y esperar en Dios. Cuando Moisés huyó de Egipto, fue a un lugar llamado Madián donde pasó cuarenta años cuidando ovejas (Éxodo 2). No fue directamente a la tierra prometida ni sacó a los israelitas de Egipto de inmediato. En vez de eso, pasó de ser un príncipe, un general y un hombre educado en lo más alto de la sociedad a ser un humilde y humilde pastor durante décadas.

Puede que el camino no siempre tenga sentido para nosotros en el momento, pero el camino de Dios siempre es el correcto. La ruta larga, sinuosa e incierta es a veces la que se requiere para que Dios nos moldee y nos convierta en los hombres y mujeres que quiere que seamos.

La ruta larga, sinuosa e incierta es a veces la que se requiere para que Dios nos moldee y nos convierta en los hombres y mujeres que quiere que seamos.

Es posible que nos lleve al desierto durante un tiempo, pero allí siempre hay un propósito. *Siempre* hay un propósito. Moisés pasó cuarenta años en el desierto hasta que Dios se le reveló de repente en el monte Sinaí, en la zarza ardiente. Moisés respondió diciendo: "Ahora me apartaré y veré este gran espectáculo" (Éxodo 3:3). Se le dio la extraordinaria oportunidad de encontrarse con Dios y experimentar su presencia, lo que solo podía haber sucedido en aquel momento y en aquel lugar. Después de aquello, nada volvería a ser igual. Su camino y su dirección pronto quedaron claros.

Hay un propósito para cada estación, incluso para la del desierto. ¿Qué dirección estás buscando hoy? Dios se te revelará de maneras nuevas, incluso en tus tiempos de sequía, si continúas buscándolo.

Querido Padre celestial, tú conoces la estación en la que me encuentro y puedes ver mi corazón. Conoces mis deseos y escuchas mis clamores. Tienes cosas para mí que solo tú puedes efectuar. Muéstrame mi propósito hoy y equípame para ello. En el nombre de Jesús, amén.

Intimidad o idolatría

Mi corazón te ha oído decir:
"Ven y conversa conmigo".
Y mi corazón responde:
"Aquí vengo, Señor".

SALMOS 27:8 NTV

Cuando tenemos que esperar en Dios frente a lo desconocido, puede ser tentador tomar las cosas en nuestras manos. Queremos acelerar el trayecto y llegar directamente a las promesas, directo a lo bueno.

En este sentido, nuestra iglesia de hoy se parece mucho al pueblo que Moisés llevó al monte Sinaí. Se les prometió la liberación, por lo que Dios desplegó su poder triunfalmente con la partición del mar Rojo y la destrucción de sus perseguidores.

Sin embargo, cuando Moisés los sacó de Egipto, no fueron directamente a la tierra prometida. Recuerda lo que le dijo al faraón: "El Señor, Dios de los hebreos, me envió a decirte: 'Deja ir a mi pueblo para que me adore en el desierto'" (Éxodo 7:16 NTV). Dijo eso *siete* veces, sin hacer referencia a la tierra prometida.

Moisés, primero, tuvo que llevar al pueblo al desierto. Al lugar donde él se había encontrado con Dios en la zarza ardiente, en el monte Sinaí. Quería que ellos también se encontraran con la presencia de Dios. Por desgracia, los israelitas solo querían las promesas de Dios.

Conocemos la historia. Cuando Moisés llevó al pueblo al encuentro de Dios, retrocedieron aterrorizados. No con temor de Dios, ¡sino con el miedo a perder sus propias vidas! Así que le pidieron a Moisés que actuara como intermediario entre ellos y Dios. Mientras Moisés estaba en la montaña, la gente se impacientó y obligó a su hermano Aarón a hacer un becerro de oro que pudieran adorar. Hicieron su propia versión de Dios y decidieron adorarlo. No negaron que Jehová los había liberado de la esclavitud; solo cambiaron su imagen por una deidad manipulable que les diera lo que su carne ansiaba.

Muchos cristianos hacen eso mismo en la actualidad. Dicen que Jesús es su Señor pero no lo siguen. En vez de eso, siguen su propia voluntad. No esperan el tiempo del Señor sino que actúan de acuerdo a sus propias necesidades. Escogen solo los pasajes de las Escrituras que quieren obedecer.

¿Quién es el Jesús que tú sigues? ¿Es uno que piensa, habla y camina como el resto del mundo? Esa imitación de Jesús solo te llevará a donde el becerro de oro llevó a los israelitas: a ninguna parte. Un lugar estéril y errante.

Dios liberó a los israelitas de Egipto para llevarlos a él, para ser su Dios y para que ellos fueran su pueblo. Dios siempre desea intimidad con nosotros.

¿Qué ídolos se interponen hoy en tu camino hacia la intimidad con Dios? ¿Puedes reconocerlos? ¿Puedes llamarlos por su nombre? Identifícalos, destrúyelos y corre hacia Dios.

Querido Padre celestial, perdóname por las veces que he cambiado tu imagen por la de un falso "dios" que creí que me daría lo que mis deseos egoístas anhelaban. Me arrepiento. Por favor, dame la fuerza para adorar al verdadero Jesús y no a una imitación. Deseo tener una relación íntima contigo por encima de todo. Te lo pido en el nombre de Jesús, amén.

Construye unos cimientos firmes

¡Alabado sea el Señor! ¡Qué felices son los que temen al Señor y se deleitan en obedecer sus mandatos!

SALMOS 112:1 NTV

"El sabio en la roca, su casa construyó, el sabio en la roca, su casa construyó".

¿Puedes escuchar esa canción que tantos niños aprenden a cantar en la escuela dominical? Aunque es una melodía sencilla, la verdad que encierran esas palabras es profunda. El canto se basa en la conclusión del famoso Sermón de la Montaña de Jesús y las palabras se centran en la fortaleza de los cimientos de una persona.

Los dos hombres de la historia que relató Jesús parecían tener una casa bien construida. Sin embargo, cuando llegaron las tormentas, la fortaleza de los cimientos de cada casa fue verdaderamente puesta a prueba y se vio lo que había. Aunque es fácil para nosotros pensar que somos el sabio constructor, no deberíamos darnos tanta prisa en suponer eso.

¿Sabías que la diferencia entre arena y roca es mucho más sutil de lo que crees? Y es que una es, simplemente, pequeñas partículas de la otra, que se amoldan a lo que presiona contra ella. Este es un ejemplo de lo que mucha gente hace hoy en día en nuestra cultura.

Conocemos el valor de leer la Palabra de Dios. Sin embargo, cada vez hay más personas que se centran en las partes de las Escrituras que les resultan más convenientes mientras ignoran las secciones que son difíciles de experimentar o que podrían ofender a los demás. Jesús hablaba de eso en su ilustración sobre el hombre sabio y el hombre necio. Ambos edificadores escucharon la Palabra de Dios, pero solo uno de ellos hizo caso realmente a las palabras.

En esencia, hay algunas personas que temen a Dios y tiemblan ante su Palabra, afianzándose sobre un cimiento firme. Y hay otros que no le temen ni tiemblan ante su Palabra: se deleitan en escuchar, pero cuando la adhesión interfiere con el deseo personal, ignoran la instrucción y, en consecuencia, construyen sobre fundamentos defectuosos.

El apóstol Santiago nos hizo una advertencia: "No se engañen ustedes mismos pensando que son buenos oyentes cuando en realidad hacen caso omiso a la palabra, les entra por un oído y les sale por el otro. ¡*Actúen* en consecuencia con lo que escuchan!" (Santiago 1:22 BEM). Dios nos ha dado todo lo que necesitamos para llevar una vida piadosa. Las Escrituras están llenas de grandes promesas. "Estas promesas hacen posible que ustedes participen de la naturaleza divina y escapen de la corrupción del mundo, causada por los deseos humanos" (2 Pedro 1:4 NTV). Estas son las promesas que nos ayudan a construir unos cimientos sólidos.

Querido Padre celestial, ayúdame no solo a ser un oidor de tu Palabra sino también un hacedor. Sé que necesito construir unos cimientos firmes que me resguarden durante las tormentas de la vida. Gracias por revelarte a mí y por mostrarme tus promesas en las Escrituras. En el nombre de Jesús, amén.

Confianza en el Señor

Benditos son los que confían en el SEÑOR y han hecho que el Señor sea su esperanza y confianza.

JEREMÍAS 17:7 NTV

La valentía nos hace avanzar a pesar de los temores que puedan acompañar a las situaciones inciertas. La confianza en nosotros mismos no nos llevará lejos. Sin embargo, la confianza en Cristo nos da el valor para afrontar cualquier adversidad que se nos presente.

Tenía veintitrés años cuando Lisa y yo nos casamos. Dos semanas después de cumplir los veinticuatro, abandoné un puesto muy bueno como ingeniero mecánico en un proyecto multimillonario del gobierno para la Marina. Dios me había hecho el llamado vital de predicar el evangelio y a eso me dirigí. Mi primer paso para lograrlo fue conducir una furgoneta para atender las necesidades personales de mi pastor y su familia.

Con mi nuevo empleo sufrí un recorte salarial importante. Durante cuatro años y medio, Lisa y yo vivimos al día, pero vimos cómo se manifestó Dios para proveernos siempre.

Fue durante ese tiempo cuando un hombre me ofreció ir a Filipinas a predicar con él. El boleto de avión costaba dos mil dólares. "Te pagaré la mitad del pasaje", me dijo. "Tú, cree en Dios para que te provea la otra mitad".

Una semana antes de partir, aún no tenía dinero para pagar el pasaje, cuando Lisa se me acercó.

"John", me dijo. "Por favor, dime que no vas a subir a ese avión si Dios no nos da los mil dólares que faltan".

"Te doy mi palabra de que no lo haré".

A pesar de que había compartido la oportunidad de llegar a Filipinas con la gente de la gran iglesia a la que asistíamos, nadie había intervenido para ayudar. La cosa no pintaba bien.

El hombre más rico de la iglesia se ofreció a llevarme al aeropuerto, sin embargo, el lunes por la mañana en que debía partir, un estudiante de la escuela bíblica se presentó en mi apartamento en lugar de él. Me explicó que el hombre adinerado no podía llevarme, después de todo, y que lo había llamado para ver si podía echarle una mano.

En el trayecto al aeropuerto, me enfrenté a mi realidad. Solo tenía veinticinco dólares en la cartera, y le había prometido a Lisa que no subiría a ese avión si no pagaba el pasaje.

Tienes que aguantar, me dije.

Supuse que, en el peor de los casos, vería despegar mi avión y luego utilizaría los veinticinco dólares para volver a casa en un taxi.

En aquella época, los acompañantes podían entrar en las terminales de las compañías aéreas con los pasajeros, así que el estudiante insistió en ir conmigo hasta la puerta de embarque para ayudarme con mi equipaje. Cuando llegamos a esa puerta de embarque, me entregó mis maletas.

"El miércoles pasado me enteré de que ibas a hacer este viaje", afirmó el muchacho. "Y el Espíritu Santo me dijo que necesitabas mil dólares para el pasaje".

Nunca le había hablado a nadie de esa cantidad concreta. Ni a una sola persona. Sin embargo, esa fue la cifra exacta que él dijo.

"Me pasé media noche en vela el miércoles argumentando con Dios", continuó el joven. "Hasta que al fin dije: 'Dios, si haces un milagro para que pueda dárselo, lo haré'".

El chico me explicó entonces que el empresario lo había llamado la noche siguiente para pedirle que me llevara al aeropuerto. Cuando eso pasó, el joven casi se cae de la cama.

"Aquí tienes el dinero", me dijo. "Ahora sube al avión".

Aquel fue uno de los viajes que más cambiaron mi vida y uno de los más significativos que he hecho. Recuerdo que después llamé a Lisa desde el aeropuerto.

"¿Puedes creer esta clase de milagro?", le pregunté.

Ese único incidente me ha dado la valentía necesaria para creer en Dios y conseguir millones de dólares para ayudar a pastores y líderes perseguidos de naciones en desarrollo. Vamos de fe en fe, pero primero tenemos que empezar por las cosas pequeñas.

Los milagros ocurren. Solo tenemos que encontrar el valor para encontrarnos con ellos.

Medita en una ocasión en la que Dios respondió a algo de forma inesperada para ti. Luego considera las formas en que necesitas confiar en que Dios proveerá para los desafíos que enfrentas hoy.

Querido Padre celestial, te pido fe para recibir tu sabiduría al leer tu Palabra, orar y escuchar consejos piadosos de aquellos que te temen. Dame la fuerza para creer y obedecer, aunque no tenga sentido. En el nombre de Jesús te lo pido, amén.

CUARTA PARTE

Cuando necesitas valor para vivir con una fe audaz

Habla

Hubo una vez un hombre, llamado Juan,
enviado por Dios para señalar el camino
a la luz de la vida. Él vino a mostrarles a todos
dónde mirar y en quién creer. Juan no era la luz;
su función fue mostrar el camino a la luz.

JUAN 1:6-8 BEM

Si la cultura del boicot público hubiera existido en los días anteriores a que Jesús comenzara su ministerio, la primera persona en ser boicoteada habría sido Juan el Bautista. Nunca se contuvo a la hora de decirle a la gente que se arrepintiera y se preparara para la venida del Salvador. Gente de todas partes acudía a oírlo predicar; los que confesaban sus pecados eran bautizados por Juan en el río Jordán. Pero cuando los fariseos y los saduceos aparecieron, queriendo ser bautizados, él los instó a irse.

"¡Camada de serpientes! ¿Qué creen que hacen desplazándose hasta el río? ¿Piensan que un poco de agua en su piel de serpiente los va a hacer cambiar algo? ¡Lo que debe cambiar es su vida, no su piel!" (Mateo 3:7-8 BEM).

Nada en Juan el Bautista encajaba con su cultura: parecía salvaje y desaliñado, vivía de la tierra, comiendo langostas y miel silvestre. Sin embargo, hablaba con sinceridad y verdad.

¿Alguna vez has temido hablar con ese mismo tipo de sinceridad? Hubo un tiempo en el que las personas que no estaban de acuerdo entre sí podían mantener conversaciones sanas. Pero ahora se nos condena al ostracismo y se nos ataca por compartir opiniones y creencias, especialmente cuando no se ajustan a la cultura popular. Por eso, a menudo, permanecemos en silencio.

Todos somos embajadores de Cristo. Y como Juan el Bautista, no podemos limitarnos a decirle a la gente lo que quiere oír. Si los amamos de verdad, debemos decirles la verdad. Sí, debemos hacerlo en un espíritu de amor, pero debemos recordar hacerlo.

El apóstol Pablo también dijo la verdad, como lo expresó en el Libro de los Hechos: "No escatimé nada. Les ofrecí toda la verdad y el estímulo que ustedes necesitaban para cambiar. Les enseñé en público y en sus casas. Exhorté a judíos y a griegos, por igual, a arrepentirse ante Dios para que tuvieran un cambio íntegro de sus vidas. Les pedí que confiaran en nuestro Señor Jesús" (20:20-21 BEM).

Así que no te retraigas ahora. Haz como Juan el Bautista, da testimonio de Jesús, la Luz del mundo.

Querido Padre celestial, ayúdame a no dudar nunca en compartir el mensaje de Jesucristo con el mundo. Permíteme ser una luz resplandeciente en este mundo tenebroso. En el nombre de Jesús, amén.

No te rindas

Para que vivan de manera digna del Señor, agradándole en todo. Esto implica dar fruto en toda buena obra, crecer en el conocimiento de Dios

COLOSENSES 1:10

¿**A**lguna vez has visto la maldad en el mundo actual, te has sentido movido a denunciarla y, sin embargo, permaneces en silencio? Es fácil mantenerse callado en estos tiempos de la cultura boicoteadora y del discurso de odio en las redes sociales. Sin embargo, como creyentes, no podemos ser espectadores mudos que observan la locura y las injusticias de nuestro mundo. Tenemos que proclamar la esperanza de Jesucristo siempre que podamos, sobre todo cuando haya oscuridad o desesperación.

William Wilberforce nunca se contuvo a la hora de expresar la verdad que Dios ponía en su corazón. Como joven miembro del Parlamento, en Gran Bretaña, entregó su vida a Cristo a los veinte años y se dedicó a vivir su fe de forma muy pública. Viviendo a finales del siglo dieciocho, en pleno apogeo del comercio de esclavos, Wilberforce vio la maldad de la esclavitud y se decidió a promover su eliminación.

"Me armo de valor", dijo Wilberforce en su discurso sobre la abolición en 1789, "decido olvidar todos mis demás

Como creyentes, no podemos ser espectadores mudos que observan la locura y las injusticias de nuestro mundo.

temores y avanzo con paso firme plenamente seguro de que mi causa me apoyará".[1]

Wilberforce —por muchos años— hizo precisamente eso, perseveró en el Parlamento presentando proyectos de ley en pro de la abolición, pero ninguno de ellos fue aprobado. Aun así, nunca se rindió. Tras veinte años de lucha, el proyecto de ley fue aprobado por una sorprendente mayoría en la Cámara de los Comunes, que finalmente abolió el comercio de esclavos en las Indias Occidentales británicas.

La dedicación que mostró William Wilberforce solo podía provenir de la fe que tenía. En la introducción a su libro *Real Christianity*, Wilberforce escribió lo siguiente sobre su fe:

> Me inquieta ver que la mayoría de los llamados cristianos comprenden muy poco la verdadera naturaleza de la fe que profesan. La fe es un tema de tal importancia que no deberíamos ignorarlo a causa de las distracciones o el ritmo frenético de nuestras vidas. La existencia, tal y como la conocemos, con todos sus altibajos, terminará pronto. Todos daremos cuenta a Dios de cómo hemos vivido.[2]

¿Cómo vives tu fe día a día? ¿Cómo puedes compartir tu camino cristiano con los demás aunque eso te ponga en desacuerdo con ellos? ¿Cómo puedes, tal cual declaró William Wilberforce, "afirmar con valentía la causa de Cristo en una época en la que muchos —que llevan el nombre de cristianos— se avergüenzan de él"?[3]

Querido Padre Santo, te alabo por tu gloria y tu majestad. Ayúdame a vivir de una manera digna de ti, agradable a ti. Ayúdame a dar fruto y a combatir la injusticia con tu verdad. Por favor, mantenme consciente de que llevo el nombre de Cristo, y dame una fe más audaz. En el nombre de Jesús, amén.

Ama lo que Dios ama

Todos los que temen al Señor odiarán la maldad. Por eso odio el orgullo y la arrogancia, la corrupción y el lenguaje perverso.

PROVERBIOS 8:13 NTV

¿**C**uándo fue la última vez que te sentiste completamente impotente? ¿Quizás fue en un trabajo o con una relación? Tal vez todo lo que intentabas hacer fracasaba y ninguna de las soluciones te llevaban a ninguna parte.

Hubo un tiempo en mi vida en el que estaba predicando pero mis palabras se sentían sin vida. Le había estado pidiendo a Dios que pusiera algo de fuerza detrás de ellas. Todos los días me levantaba a las 4:45 de la mañana para estar listo a las 5:00 y empezar a orar. Oraba durante una hora y media, más o menos. Pero no veía muchos cambios.

Me frustré hasta que un día clamé a Dios: "Leo tu Biblia. Oro de hora y media a dos horas todos los días. Llevo una vida piadosa. Entonces, ¿por qué no hay una unción más fuerte en mi vida?".

El Espíritu Santo me respondió de inmediato: *Porque toleras el pecado, no solo en tu vida, sino en la de los demás.*

Entonces me dijo que leyera Hebreos 1 para que me enterara de lo que Dios Padre dice acerca de la autoridad de Jesús. Comencé a leer el capítulo. Cuando llegué a los versículos 8 y 9, el Espíritu Santo me dijo que me detuviera y lo volviera a leer: "Tu trono, oh Dios, permanece para siempre; el cetro de tu reino es cetro de justicia. Has amado la justicia y odiado la maldad; por eso Dios, tu Dios, te ha ungido … por encima de tus compañeros".

Entendí la parte que habla de amar la justicia. Todo cristiano ama la justicia o aspira a amarla. Pero, ¿qué hay en cuanto a odiar la maldad? Esa parte dejaba al descubierto mi falta de convicción.

De repente, empecé a ver lo que el Espíritu Santo me estaba diciendo. Si aprendía a odiar el pecado como Jesús lo detestaba, vería aumentar la unción de Dios en mi vida. Había pecados que estaba tolerando, pasando por alto, que me disgustaban pero no odiaba, no solo en mi vida sino en la de otros creyentes cercanos a mí.

Permíteme una aclaración más para que no haya malentendidos. Me molesta cuando la gente dice: "Temo a Dios y por eso odio a la gente que vive en pecado". Porque la verdad es que no temes a Dios. No le temes en absoluto. Puesto que odias lo que él ama. Dios nos amó tanto, a cada uno de nosotros, que dio a su único Hijo para salvarnos.

Dios odia *el pecado*. Odia todo lo que nos perjudica porque nos ama apasionadamente, a cada persona de este planeta.

Cuando tememos a Dios, adoptamos su corazón. Queremos estar lo más cerca posible de él. El temor del Señor es un don de nuestro amoroso Padre celestial que evita que nos apartemos de él. El momento en que desarrollamos tolerancia hacia el pecado, en vez de odio hacia él, es cuando comenzamos a alejarnos de él.

Querido Padre celestial, ayúdame a amar a todas las personas, porque sé que tú las amas a todas. Pero ayúdame también a odiar el pecado que tú odias. Abre mis ojos a los pecados que tolero, los pecados por los que Jesús dio su vida para liberarnos. En el nombre de Cristo, amén.

Nada contra la corriente

Con amor inagotable y fidelidad se perdona el pecado. Con el temor del Señor el mal se evita.

PROVERBIOS 16:6 NTV

En junio de 1971, Billy Graham pronunció su famoso sermón titulado "¿Quién es Jesús?" durante su Cruzada en Chicago. En un evento que duró diez días, casi doce mil personas decidieron seguir a Cristo. Graham advirtió a sus oyentes en cuanto a la decisión que hicieron:

> Creo que, en muchos sentidos, es más fácil no ser cristiano en este mundo puesto que el diablo puede dejarte en paz. En el instante en que recibes a Cristo como Salvador, estás en apuros, a menos que vivas de rodillas, permanezcas en las Escrituras, te mantengas en guardia y lleves tu armadura espiritual en todo momento. Porque si fallas aunque sea un solo día como cristiano, estás en problemas. En el momento en que recibes a Cristo, ves que todo el mundo va por un camino. Entonces das la vuelta y empiezas a ir contracorriente como cristiano. Y eso es duro.[1]

Uno de los primeros héroes de la fe lo demostró con su vida. José era bisnieto de Abraham y Dios le mostró en un sueño que un día sería un gran gobernante, que incluso reinaría sobre sus propios hermanos. Pero justo después de recibir esa promesa, José fue arrojado a un pozo, pasó la siguiente década en esclavitud y al menos dos años más en un calabozo. Sin embargo, ni una sola vez vemos indicios de que bajara la guardia o siguiera el camino fácil.

José no abandonó su esperanza en Dios.

José no olvidó el sueño que Dios le dio.

José temía a Dios.

Ese temor de Dios quizá se evidencie más cuando José evitó la tentación y no cedió ante la esposa de Potifar cuando trató de seducirlo. Por eso afirmó: "Nadie aquí tiene más autoridad que yo. Él [Potifar] no me ha negado nada, con excepción de usted, porque es su esposa. ¿Cómo podría yo cometer semejante maldad? Sería un gran pecado contra Dios" (Génesis 39:9 NTV).

La obediencia de José a Dios lo llevó a una oscura mazmorra, pero permaneció fuerte. Durante más de doce años, vivió en un desierto espiritual en el que parecía que nada le salía bien. Pero había una reserva muy dentro de él de la que José se aprovechaba. Esa reserva le proporcionó la valentía que necesitaba para obedecer a Dios en tiempos difíciles y silenciosos.

José mantuvo puesta su armadura espiritual y se negó a separarse del Señor. Era sabio en su comportamiento porque temía a Dios. "El temor del Señor enseña sabiduría; la humildad precede a la honra" (Proverbios 15:33 NTV). Esa sabiduría hizo que José acabara brillando con luz propia

Es difícil ser cristiano en el mundo actual. Mantén esa armadura espiritual puesta en todo momento.

en Egipto, cuando sus virtudes fueron reveladas a toda una nación pagana.

La realidad es que es difícil ser cristiano en el mundo actual. Cada día, tenemos que "vivir en las Escrituras y mantenernos en guardia", como afirmó Billy Graham. Mantén esa armadura espiritual puesta en todo momento. La necesitarás.

Querido Padre, creador de todas las cosas y gobernante sobre todo, gracias por darnos las herramientas que necesitamos para mantenernos equipados en nuestra fe. Ayúdame a no bajar la guardia hoy, en grandes y pequeñas maneras. Ayúdame a temerte a ti y no a este mundo. En el nombre de Jesucristo, amén.

Camina a través del fuego

Si tratas de aferrarte a la vida, la perderás,
pero si entregas tu vida por mi causa, la salvarás.

MATEO 16:25 NTV

La historia ha registrado el heroísmo de Juana de Arco, la campesina que condujo al ejército francés a una victoria y que más tarde fue quemada en la hoguera por herejía cuando solo tenía diecinueve años. Hay otra Juana heroica, que debería ser celebrada en la historia de la fe cristiana. Se llamaba Juana Mathurin.

Algunos de los primeros cristianos conocidos fueron los valdenses, creyentes de Jesucristo ubicados en los valles de los Alpes. Fundaron iglesias y difundieron el evangelio por la actual Italia, Francia, Alemania, España y Polonia. Fueron duramente perseguidos, "marcados e incinerados como herejes",[1] pero su fe y su obediencia hicieron que figuras clave como John Wycliffe y otros tuvieran un papel decisivo durante la Reforma protestante que vino después.

Una de esas mártires fue Juana Mathurin. En 1560, después de que su esposo fuera arrestado por dirigir oraciones familiares y se negara a renunciar a su fe, estaba previsto que lo quemaran vivo. Juana lo visitó en prisión, no solo porque lo amaba sino para animarlo a mantenerse firme en su fe hasta el final. Cuando los magistrados vieron sus acciones, le ordenaron que le dijera a su marido que les obedeciera. Sin embargo, ella se mantuvo firme y proclamó el nombre de Jesucristo.

"Hereje diabólica", la llamaron, diciéndole que debía temer morir y ser arrojada a las llamas con su marido.

"Temo a Aquel que es capaz de arrojar tanto el cuerpo como el alma a un fuego más terrible que el de vuestras advertencias", declaró Juana.[2]

Al día siguiente, Juana y su marido fueron conducidos a la plaza pública, atados a estacas de madera y quemados vivos. Ninguno de los dos negó nunca a Jesús a pesar del indecible terror de sus muertes.

¿Te imaginas ser asesinado por tu fe? Una cosa es ser avergonzado públicamente o intimidado en privado por tus creencias cristianas, pero ¿qué harías si defender a Jesucristo implicara ser condenado a muerte? ¿Hasta qué punto serías fuerte?

Mártires cristianos como Juana Mathurin y su esposo son ejemplos a estudiar y a considerar. ¿Qué hizo que su fe fuera tan fuerte? ¿Cómo fueron capaces de permanecer tan entregados y valientes frente a la persecución? Las palabras de Pablo a Timoteo arrojan luz sobre la fuente de su fortaleza: "Mi querido hijo, sé fuerte por medio de la gracia que Dios te da en Cristo Jesús" (2 Timoteo 2:1). Su gracia gratuita no solo te perdona, sino que te capacita para mantenerte firme en su verdad cualquiera sea la oposición.

Querido Padre, por favor sensibiliza mi corazón y ayúdame a tener una fe que resista todos los ataques. Ayúdame a valorar las cosas eternas. Anhelo obedecer tu Palabra, aunque me persigan por mis creencias y mi obediencia. En el nombre de Jesús, amén.

Di la verdad de Dios

Por eso en todas partes la gente le teme;
todos los sabios le muestran reverencia.

JOB 37:24 NTV

Hace unos años, abordé un avión y oí que el Espíritu Santo me decía que abriera la Biblia en Job 32.

Oh, no… Job no.

Seré sincero. Hay dos libros de la Biblia a los que me acerco con un poco de aprensión y en los que me encuentro realmente inclinado a buscar la sabiduría del Espíritu Santo: Job y Eclesiastés. En realidad, me gusta el libro del Apocalipsis, pero Job es un reto para mí.

Sin embargo, cuando oyes hablar al Espíritu, tienes que escuchar. Así que abrí mi Biblia y empecé a leer. En esta parte del libro, Job había sido sometido a duras pruebas y había sufrido mucho. Tras intentar entender su abrumadora pérdida, cayó en la desesperación y, a pesar de los consejos de sus amigos, se sintió abandonado y confundido.

Pero entonces un joven y sabio predicador llamado Eliú, que había permanecido en silencio con la esperanza de escuchar la sabiduría de los hombres mayores (Job y sus tres amigos), finalmente intervino. Habló con valentía y no se contuvo de decirle la verdad a Job.

"Estoy harto de escuchar esto", dijo Eliú básicamente a los otros que ofrecían consejo. "Ustedes no han estado hablando con sabiduría. Soy más joven, así que esperé para hablar, pensando que eso vendría de ustedes".

Eliú procedió a decirles la verdad a Job y a los demás sin disculparse. Las últimas palabras que dirigió a Job y a sus amigos fueron: "Por eso en todas partes la gente le teme; todos los sabios le muestran reverencia" (Job 37:24 NTV).

En el versículo siguiente, el Señor vino en un torbellino e hizo notar su presencia.

Después de leer estas palabras, oí que Dios me hablaba en ese avión: *John, ¿notaste que mi presencia no se manifestó mientras Job y esos tres hombres hablaban? No fue hasta que alguien dijo la verdad sin pedir disculpas, con un corazón amoroso, que di a conocer mi presencia. Hay una miríada de iglesias en este país que me están representando mal, y mi presencia no se está manifestando.*

Me sentí convencido hasta la médula.

A lo largo de la historia de la Iglesia, los cristianos han sido apedreados, torturados horriblemente y excomulgados. Pero ¿hoy en día? Tenemos líderes eclesiásticos tomando tragos con celebridades y reduciendo su llamado al de simples entrenadores de vida de personajes famosos. Su objetivo ahora es inspirar más que hablar de la Palabra de Dios con amor.

No pretendo ser excesivamente crítico. Y con cuatro hijos y cuatro nueras, comprendo el deseo de ser relevante. Me parece bien lo "genial" siempre que no se comprometa la verdad. Pero hoy en día —en la iglesia— la comunidad y lo moderno a menudo triunfan sobre el señorío de Jesús. Y eso está destruyendo a la gente. Están abandonando la fe en masa. ¿Por qué? Porque no estamos enseñando, reprendiendo ni exhortando con la verdad de la Palabra de Dios. Porque falta el temor del Señor.

Cuando los líderes hablan lo que Dios dice, ¡su presencia se manifestará!

Bondadoso Padre celestial, perdóname cuando me acerco a ti con una actitud demasiado indiferente. Ayúdame a no perder de vista quién eres tú. Ayúdame a decir siempre tu verdad a los demás. En el nombre de Jesús te lo ruego, amén.

Comprende su amor

¡Cuán preciosos, oh Dios,
me son tus pensamientos!
¡Cuán inmensa es la suma de ellos!
Si me propusiera contarlos,
sumarían más que los granos de arena;
al despertar, aún estaría contigo.

SALMOS 139:17-18

¿Y si viviéramos cada momento del día creyendo de verdad estas palabras que el rey David escribió en este salmo? ¿Y si creyéramos la verdad de que los pensamientos de Dios sobre nosotros son más numerosos que todos los gránulos de arena que cubren la tierra?

Los entusiastas de la ciencia y las matemáticas nos dicen que, dependiendo del tamaño y de lo apretados que estén, hay aproximadamente entre quinientos millones y mil millones de granos de arena en *un pie cúbico* de playa. Conociendo este dato, resulta difícil siquiera comprender la increíble cantidad de arena que había en la última playa que visitaste. Suma todos los granos de arena del planeta, ¡y ni siquiera así tendrás el número de pensamientos que Dios tiene acerca de ti!

Jesús habla de la atención que Dios nos presta en Lucas 12:6-7:

¿Cuánto cuestan dos o tres canarios? Unas monedítas, ¿no? Aun así, Dios nunca descuida ni a uno solo de esos pajarillos. Y, a ustedes, les presta aún más atención, hasta el último detalle; ¡incluso cuenta los cabellos de su cabeza! Así que no se dejen intimidar por todo eso que dicen los acosadores. Ustedes valen más que un millón de canarios (BEM).

Dios te aprecia tan profundamente que conoce el número de cabellos de tu cabeza. Se calcula que la mayoría de los seres humanos tienen un promedio de 100.000 pelos en el cuero cabelludo. Si pusiera a 10.000 personas en una habitación, ¿crees que podrías determinar cuál de ellas tiene 99.569 pelos? Incluso si adivinaras correctamente, te equivocarías en cuestión de minutos porque la persona promedio pierde entre cincuenta y cien cabellos al día. Dios conoce el número exacto de nuestros cabellos en cada momento.

Dios no solo piensa en nosotros y nos conoce más de lo que podemos comprender. Su amor por nosotros es insondable. Jesús comparte esta sorprendente afirmación en una oración: "El mundo sepa que tú [Dios] me enviaste [Jesucristo] y que los amas tanto como me amas a mí" (Juan 17:23 NTV).

La profundidad del amor de Dios y el valor que te concede es incomprensible, y eso debería darte valor para vivir tu fe con valentía. Si su amor es tan grande, ¿qué hay que tú no puedas superar? Por eso se nos dice: "En el amor no existe espacio para el temor porque el amor perfecto lo destierra" (1 Juan 4:18 BEM). Considera esto a lo largo de tu día, ama

El amor de Dios debería darte **valor** para vivir tu fe con **valentía**.

con valentía y satisface las necesidades de aquellos con los que te encuentres.

Querido Padre celestial, no puedo comprender cuánto me conoces, cuánto te preocupas por mí. Conoces cada cabello de mi cabeza, y me amaste lo suficiente como para enviar a tu Hijo, Jesús, a morir en mi lugar. Ayúdame a comprender tu amor y a vivir mi fe con valentía. En el nombre de Jesús, amén.

Sigue

De la misma manera, cuando ustedes me obedecen,
deben decir: "Somos siervos indignos que
simplemente cumplimos con nuestro deber".

LUCAS 17:10 NTV

"**S**íganme".

Esta es la primera palabra que Jesús dirigió a Simón Pedro cuando se encontraba en la orilla del mar de Galilea. Pedro y Andrés estaban pescando cuando Jesús los llamó y les dijo: "Vengan conmigo. Los haré una nueva clase de pescadores. Les enseñaré a pescar hombres y mujeres en vez de peces" (Mateo 4:19 BEM).

Años más tarde, todo cambió. Incluso después de seguir a Jesús durante todo su ministerio, Pedro vio cómo lo arrestaban y pronto negó haberlo conocido. Jesús permaneció obediente a la voluntad de Dios y murió como un criminal en la cruz. Cuando el ángel del Señor se apareció a María Magdalena en la tumba para darle la noticia de la resurrección de Jesús, Pedro había sido sacudido hasta el punto de que se rindió.

"Ahora vayan y cuéntenles a sus discípulos, incluido Pedro, que Jesús va delante de ustedes a Galilea. Allí lo verán, tal como les dijo antes de morir" (Marcos 16:7 NTV).

El ángel señaló a Pedro porque el discípulo estaba sumido en la culpa y el dolor. Cuando Pedro vio por fin a Jesús, después de pescar en el mar de Tiberíades, el Señor lo animó. "Te digo la verdad, cuando eras joven, podías hacer lo que querías; te vestías tú mismo e ibas adonde querías ir. Sin embargo, cuando seas viejo, extenderás los brazos, y otros te vestirán y te llevarán adonde no quieras ir" (Juan 21:18 NTV).

Creo que Jesús le estaba diciendo a Pedro: "Puede que me hayas fallado antes, pero se acerca un día en el que te enfrentarás a tu mayor miedo y saldrás victorioso".

Puede que Pedro negara a Jesús, pero al final lo siguió hasta el final. Pedro comprendió que era imposible cumplir el llamado de Dios a su vida por esfuerzo propio. Sabía que el antídoto contra el temor del hombre era vivir en temor reverente a Dios (1 Pedro 1:13-17).

Pedro sería probado de nuevo, pero la siguiente vez saldría victorioso. Pedro obedeció a Jesús y continuó siguiéndolo. También cumplió lo que una vez juró a Jesús: murió antes de negarlo. La historia revela que Pedro fue crucificado cabeza abajo después de que el discípulo insistiera en que no era digno de morir de la misma manera que su maestro Jesús.

Podemos cometer errores y fracasar en nuestra vida, pero Pedro es un ejemplo de cómo afrontar nuestros miedos y debilidades con la gracia de Jesucristo. La vida de Pedro es un ejemplo de perseverar hasta el final con determinación y fuerza.

Querido Padre celestial, aparte de Jesús, soy realmente un siervo indigno ante tus ojos. Te estoy eternamente agradecido por haberme hecho digno en él. Perdóname por no obedecer tus mandatos y no prestar atención a tus palabras cuando estoy bajo la presión de la hostilidad de los demás. Tú eres digno de que te siga. En el nombre de Jesús, amén.

Dedica tiempo a la Palabra

Tu palabra es una lámpara que guía mis
pies y una luz para mi camino.

SALMOS 119:105 NTV

Evangelista, editor y fundador de la congregación Moody
Church, en Chicago, D. L. Moody conocía el valor del
estudio de las Escrituras. En su libro *Placer y provecho en el
estudio de la Biblia,* dijo lo siguiente:

> Cuando oro, hablo con Dios, pero cuando leo la
> Biblia, Dios me habla a mí; y, en realidad, es más
> importante que Dios me hable a mí y no que yo
> le hable a él. Creo que sabríamos orar mejor si
> conociéramos más nuestras Biblias. ¿Para qué
> sirve un ejército si no sabe utilizar sus armas?[1]

No lo dudes nunca: la Escritura renueva tu mente. Es
un mapa que te guía en tu camino diario con Dios. Es un
manual de instrucciones para tu vida.

Según un estudio del Center of Bible Engagement, los que
leen la Palabra de Dios cuatro veces por semana:

- tienen 30% menos de probabilidades de sentirse solos
- tienen 32% menos de probabilidades de enfadarse
- tienen 40% menos de probabilidades de ser amargados
- tienen 57% menos de probabilidades de sufrir alcoholismo
- son 59% menos propensos a ver pornografía
- tienen 60% menos de probabilidades de sentirse espiritualmente estancados[2]

Además, nunca ha sido tan fácil leer las Escrituras. Puedo leer y escuchar la Biblia en mi teléfono y en mi iPad, pero cuando se trata de pasar tiempo a solas con el Señor, sigo prefiriendo una Biblia impresa delante de mí. Así puedo resaltar las áreas en las que Dios me habla.

Mucha gente se pone como meta repasar la Biblia en un año. Seré sincero: yo lo he hecho solo unas pocas veces en mi vida. Una de las razones por las que esto puede suponer un reto para la gente es que, cuando utilizamos un programa para leer la Biblia a diario y fallamos algunos días, intentamos compensar las veces que faltamos atiborrándonos de más la siguiente vez que abrimos las Escrituras. Si las lagunas se amplían, podemos sentirnos abrumados por las sesiones que sí cumplimos.

¿Sabes lo que se siente? Imagínate que te pierdes seis o siete comidas. Luego imagínate intentando compensar eso en una sentada. En un plato tienes unos huevos revueltos y tocino. En otro plato hay un filete, verduras y una ensalada. Luego tienes un plato de pasta. También tienes una pechuga de pollo y patatas fritas...

Es imposible que puedas atiborrarte con todas esas comidas. Y no te nutrirás de la misma manera que lo harías con una dieta constante. Lo mismo ocurre con la lectura de las Escrituras. No puedes llenarte así. No puedes atiborrarte de todo solo para alcanzar un objetivo.

En vez de eso, si fallas un día, dite a ti mismo: *"No pasa nada. Solo leeré la Biblia por hoy"*. No intentes compensar lo de ayer. Tu objetivo no es terminar de leer la Biblia; tu meta es escuchar a Dios cuando te sientes a leerla. Quieres que el Espíritu Santo te revele a Jesús.

Está bien dedicar treinta minutos a un versículo. Está bien pasar varios días sin terminar un capítulo.

El poder de las Escrituras no reside en el número de páginas que leas, sino en que escuches atentamente los pasajes y obedezcas los mandatos de Dios.

Entra en la Palabra hoy y observa cómo transforma tu vida.

Querido y bondadoso Padre celestial, gracias por hablarme a través de tu santa Palabra. Tú eres el Autor de las Escrituras, Señor. Perdóname por no escucharla más de cerca y obedecer tus mandatos. En el nombre de Jesús, amén.

Una presencia fuerte y poderosa

¡Oh, si siempre tuvieran un corazón así, si
estuvieran dispuestos a temerme y a obedecer
todos mis mandatos! Entonces siempre les
iría bien a ellos y a sus descendientes.

DEUTERONOMIO 5:29 NTV

¿**H**as experimentado alguna vez cómo cambia una audiencia cuando entra un líder fuerte? La gente tiende a ponerse más erguida, a cuidar lo que dice, a escuchar con respeto. La mera presencia de un líder o de alguien con autoridad que puede mandar en un espacio inspira a los demás a trabajar más, a prestar atención y a dar lo mejor de sí mismos.

Cuando pasamos tiempo en la presencia de Dios cada día, cambia nuestra forma de pensar, de actuar y de obedecer.

Tomemos a Moisés, por ejemplo. Experimentó la presencia de Dios de una forma insondable, tanto que le cambió la vida.

Después de sacar a los hijos de Israel de Egipto, Moisés subió al monte Sinaí para encontrarse con Dios (Éxodo 19:3-10). Moisés pasó un tiempo precioso en la impresionante presencia de nuestro Creador, y escuchó el deseo de Dios de hablar

Cuando pasamos tiempo en la presencia de Dios cada día, cambia nuestra forma de pensar, de actuar y de obedecer.

personalmente con su pueblo y cómo prepararse para ese encuentro.

Cuando Dios bajó de la montaña tres días después, la gente entró en pánico y salió corriendo. "Moisés, no podemos tratar con Dios", le dijeron. "No podemos estar cerca de él ni no podemos oír la palabra de su boca porque moriremos. Así que ve a hablar con Dios. Dinos lo que él diga".

Moisés estaba desconsolado en representación de los israelitas cuando volvió a subir para encontrarse con Dios. Pero este les dijo que tenían razón, que no podían oír su voz ni sentir su presencia, y le explicó a Moisés la razón de la incapacidad de ellos para entrar en su presencia:

"¡Oh, si siempre tuvieran un corazón así, si estuvieran dispuestos a temerme y a obedecer todos mis mandatos! Entonces siempre les iría bien a ellos y a sus descendientes" (Deuteronomio 5:29 NTV).

Dios le ordenó, entonces, a Moisés que les dijera a los israelitas que regresaran a sus tiendas, que volvieran a jugar a la iglesia. Pero también le dijo a Moisés que permaneciera cerca de él para que pudiera oír su voz. A partir de ese día, la voz de Dios le pareció un trueno a Israel, pero para Moisés era clara como el cristal (vv. 30-31). Con el tiempo, Moisés se fue acercando cada vez más a Dios, mientras que Israel se distanciaba cada vez más.

Puede que no hayamos experimentado la gloria de Dios de esta forma tan dramática, pero podemos estar en su presencia todos los días. Esa es realmente la única manera de conocer a Dios Padre y a su Hijo, Jesús. Y al estar en su presencia, seremos transformados. Segunda de Corintios 3:18 dice que estamos siendo transformados a su semejanza de gloria en gloria. Al contemplarlo, nos parecemos más a él.

Pasar tiempo en la presencia de Dios lo cambia todo.

¿Quieres saber cómo ser valiente al adentrarte en este loco mundo de hoy? Pasa tiempo en las Escrituras y aprecia lo asombroso que es nuestro Dios, cómo se revela a su pueblo. Cuanto más puedas comprender la grandeza de Dios, mayor será tu capacidad para temerlo y vivir con fe audaz.

Querido Padre celestial, gracias por tu presencia en mi vida hoy. Ayúdame a aprender a habitar en tu presencia de manera constante y no solo a visitarte de vez en cuando. Que pueda ver tu gloria. Te lo pido en el nombre de Jesús, amén.

QUINTA PARTE

Cuando necesitas valentía para conocer y reverenciar plenamente a Dios

Impresiona

El encanto es engañoso,
y la belleza no perdura,
pero la mujer que teme al Señor
será sumamente alabada.

PROVERBIOS 31:30 NTV

A los publicistas les encanta señalarnos cosas bellas y significativas. Dondequiera que vayamos, nos bombardean con lemas y eslóganes que prometen experiencias inolvidables y ofertas extraordinarias. La vida, al parecer, consiste en causar impresiones favorables y ser recordados. El mundo nos dice que debemos esforzarnos por tener cualidades que la gente nunca olvide.

La Biblia deja muy claro qué tipo de cualidades debemos poseer. Si nos fijamos en la mujer virtuosa de Proverbios 31, vemos que está llena de muchos rasgos admirables, como ser digna de confianza, sabia, trabajadora y enérgica. Ella es un ejemplo de dignidad. Pero, ¿cuál es su virtud definitiva?

"El encanto es engañoso, y la belleza no perdura; pero la mujer que teme al Señor será sumamente alabada" (Proverbios 31:30 NTV).

La verdad es que la importancia que tiene esta mujer la puede obtener cualquier persona que tema a Dios.

He conocido a muchos líderes y personalidades populares a lo largo de los años. He interactuado con pastores, oradores y maestros que han impactado muchas vidas. Pero los individuos que más me han impresionado son aquellos que han ejemplificado el verdadero temor de Dios en sus vidas.

¿Qué aspecto tiene para ti la verdadera belleza? ¿Qué tipo de cosas te causan una gran impresión?

El temor santo y la humildad son los rasgos que traen honra y riqueza a tu vida. La riqueza no se mide por lo que poseemos sino por la manera en que impresionamos a los demás. Si quieres que te recuerden, adopta el carácter de Cristo persiguiendo continuamente el temor del Señor.

Querido Padre celestial, gracias por todas las cosas bellas que has creado en nuestro mundo. Abre mi corazón para que vea lo que es la verdadera belleza. Ayúdame a ser una persona como la mujer de Proverbios 31, revestida de dignidad y del santo temor de ti. En el nombre de Jesús, amén.

El tesoro más valioso

El temor del Señor será tu tesoro.

ISAÍAS 33:6

Formulemos una hipótesis. ¿Y si los cuentos de hadas —en particular, como los de un genio dentro de una botella— fueran ciertos? Encuentras una lámpara, la frotas ¡y sale! El genio, muy emocionado, te dice: "Amo, ¿qué deseas? ¡Pide lo que quieras y te lo concederé! Todo lo que pidas te lo daré".

¿Qué responderías? Muchos de nosotros pediríamos que nuestra familia fuera feliz, que estuviera sana y segura. Podríamos pedir esas vacaciones de ensueño que siempre hemos querido hacer o una casa en Beverly Hills. Algunos pensamos más alto y pedimos posiciones de gobierno, poder o una gran riqueza.

Por supuesto, todo eso es un mito, así que volvamos a la realidad. Cuando el Dios todopoderoso le hizo a Salomón esa misma pregunta, este no le pidió felicidad ni riqueza ni una larga vida (1 Reyes 3:5-12). En vez de eso, Salomón pidió sabiduría. Por eso escribió: "¡Adquirir sabiduría es lo más sabio que puedes hacer!" (Proverbios 4:7 NTV).

¿Qué lo llevó a creer eso? Indaguemos más profundamente. El padre de Salomón, el rey David, le enseñó que el principio de la sabiduría es el temor del Señor (Salmos 111:10). Este joven gobernante aprendió que el temor santo no solo es el punto de partida, sino también la fuente constante de la instrucción de la sabiduría (Proverbios 15:33). Al pedir sabiduría, Salomón estaba —en esencia— pidiendo temor santo y, al hacerlo, lo impulsó a un nivel de éxito, fortuna y fama sin comparación.

A Salomón, uno de los hombres más sabios y ricos que han existido, no solo se le enseñó sino que aprendió por experiencia que el temor santo es el tesoro más valioso que podemos poseer (Eclesiastés 12:13-14).

Este tesoro del temor sagrado y su sabiduría tiene numerosos beneficios. Promueve la longevidad[1] y asegura un legado eterno.[2] Elimina al resto de los temores destructivos, incluido el más peligroso: el temor al hombre.[3] Brinda confianza en las situaciones difíciles y una intrepidez que puede hacer frente a cualquier adversidad.[4] Nos mantiene a salvo y seguros[5] ya que nos proporciona asistencia angelical.[6] Nos hace productivos y nos capacita para multiplicarnos.[7] Cumple nuestros deseos[8] y proporciona éxito duradero,[9] nobleza[10] y gran influencia. Promueve el disfrute de la vida y de nuestro trabajo,[11] la verdadera felicidad,[12] y concede curación para nuestros cuerpos.[13*]

Cada una de estas promesas se hace a quienes caminan en santo temor. ¡No es de extrañar que se le llame el tesoro de Dios!

El temor santo
no solo es
el punto de
partida, sino
también la
fuente constante
de la instrucción
de la sabiduría.

Padre Dios, dame temor santo para que pueda caminar en tu sabiduría y tu entendimiento. Ayúdame a conocer la verdad de Isaías 33:6, que "el temor del Señor es [tu] tesoro". Dame la sabiduría y el conocimiento necesarios para llevar una vida que sea agradable a tus ojos. En el nombre de Jesús, amén.

*Nota: Los textos bíblicos que refieren todas estas promesas son: 1) Proverbios 10:11; 2) Salmos 112:2-3; 3) Salmos 112:8; 4) Salmos 112:7-8; 5) Salmos 112:6; 6) Salmos 34:7; 7) Salmos 128:2; Salmos 25:12-13; 8) Salmos 145:19; 9) Salmos 112:3; 10) Proverbios 22:4; 11) Salmos 128:2; 12) Salmos 112:1; y 13) Proverbios 3:7-8.

Persigue la santidad

Como tenemos estas promesas, queridos hermanos, purifiquémonos de todo lo que contamina el cuerpo y el espíritu, para completar en el temor de Dios la obra de nuestra santificación.

2 CORINTIOS 7:1

El camino hacia una vida valiente es estrecho. Implica perseguir la santidad y cada lado está bordeado por zanjas peligrosas, trampas en las que podríamos caer fácilmente: el legalismo por un lado y la anarquía por el otro.

Observé la primera trampa hace años, cuando la iglesia en general estaba atrincherada en el legalismo, promoviendo requisitos de estilo de vida que no eran bíblicos y predicando un falso evangelio de salvación por obras. Una importante revelación nos liberó de esa horrible trinchera: Dios es un Dios bueno.

Pero entonces la iglesia hizo lo que a menudo hacen los humanos: nos fuimos al extremo opuesto en nuestro intento por alejarnos lo más posible de esa trinchera legalista y, al hacerlo, caímos de cabeza en la zanja de la anarquía. Allí nos creímos salvados por una gracia no bíblica que no nos permite vivir de forma diferente al mundo. Pero esta mentira nos impide experimentar la presencia, la bendición y el poder de Dios.

Para muchos, la palabra *santidad* conlleva un mal sabor. Se la considera una esclavitud legalista o una virtud noble pero inalcanzable. Algunos piensan que la santidad no es divertida y que estropea la vida, que perseguirla es un mal uso del tiempo. Lamentablemente, los que creen eso no ven la belleza y la fuerza de la misma. Si lo captaran, la perseguirían.

Es fácil obedecer a Dios en una iglesia o en una conferencia donde su presencia es fuerte. Pero ¿qué pasa con esos momentos en los que es demasiado fácil ceder al pecado? ¿Cuando la tentación se cruza en tu camino o te ataca la ira? ¿Cuando alguien a quien amas te hace daño o cuando llega de repente una oportunidad para engañar?

La búsqueda de la santidad comienza en nuestros corazones. Se origina en nuestros pensamientos, motivos e intenciones, los que impulsan nuestra forma de comportarnos. Esta transformación interior es la única forma en la que, en última instancia, podemos empezar a ver a Dios, a entrar en su gloriosa presencia. Si tiemblas ante la Palabra de Dios y caminas en santo temor, podrás tener una vida santa. Porque "con el temor del Señor el mal se evita" (Proverbios 16:6 NTV).

Una vida cristiana sana es aquella que se basa en el amor a Dios y en nuestro temor a Dios. Cuando operamos bajo estas dos virtudes, entramos en una relación íntima con él.

La santidad es la verdadera libertad que abre el camino para disfrutar de Dios en esta vida.

Querido Padre celestial, perdóname por descuidar la búsqueda de la santidad. Ayúdame a entender y a creer que perseguir la santidad abre la puerta a una audiencia contigo. Dame un temor reverente hacia ti para que pueda tener la vida abundante a la que me has llamado. En el nombre de Jesús, amén.

Equípate cada día

Confirma a tu siervo tu promesa,
la promesa que hiciste a los que te temen.

SALMOS 119:38

¿Qué es lo primero que haces al despertarte? ¿Agarras el teléfono para revisar los correos electrónicos y los mensajes? ¿Oteas las redes sociales? ¿Ojeas las noticias? La mayoría de nosotros probablemente pasamos más tiempo en los medios sociales y en línea que en las Escrituras. Invertimos más tiempo leyendo blogs y artículos que leyendo la Palabra de Dios.

Te animo a que hagas un pequeño experimento. Considera cómo sería tu día si empezaras con las Escrituras en vez de consultar primero el teléfono.

Nuestras vidas cambian radicalmente cuando pasamos tiempo con la Palabra de Dios. Cuanto más podamos percibir y comprender la grandeza de Dios, más equipados estaremos para afrontar lo que el mundo nos arroje. Pero para adquirir este conocimiento, debemos leer la Biblia. Cuando nos acercamos a la Palabra de Dios expectantes y preparados para hallarlo, nos encontraremos con él de una forma totalmente nueva. En Jeremías 29:13 se nos recuerda: "Me buscarán y me encontrarán cuando me busquen de todo corazón".

Por desdicha, muchos de nosotros no leemos la Biblia. La empresa de investigación Barna, que encuesta periódicamente a segmentos de la población basados en la fe, realizó un estudio en 2018 que reveló que solo el 48 % de las personas encuestadas eran lectores de la Biblia. Menos de la mitad de los encuestados leía, escuchaba o se comprometía con contenidos bíblicos fuera de un servicio religioso. Desglosando aún más las estadísticas, Barna Group descubrió que el 8 % leía la Biblia entre tres y cuatro veces al año, el 6 % una vez al mes, el 8 % una vez a la semana, el 13 % varias veces a la semana y el 14 % a diario.[1]

Considero que quienes leen las Escrituras de forma constante y habitual (a diario o varias veces por semana) están sanos. Basándonos en esta investigación, eso significa que solo una cuarta parte de los cristianos de Estados Unidos están realmente comprometidos con la Biblia como deberían.

¿Por qué solo los considero sanos? ¿Por qué no a las personas que leen la Biblia una vez a la semana o quizá una vez al mes?

¿Podrías sobrevivir comiendo solo una vez a la semana? No serías capaz de funcionar correctamente. No pensarías con claridad. Si alguna vez tuvieras que luchar para proteger a tu familia, no tendrías fuerzas. Así como la comida física es alimento para nuestro cuerpo, la Palabra de Dios lo es para nuestro espíritu, lo que nos da una mayor capacidad para escuchar a Dios.

La lectura de la Palabra de Dios no debe ser solo algo para tachar de una lista de tareas religiosas. Necesitamos leer la Palabra de Dios porque en ella y a través de ella nos encontramos con Jesús, que es la Palabra de Verdad y la fuente misma de nuestra vida. Haz de conocer a Dios a través de su Palabra tu ambición y tu práctica, y estarás preparado para todo lo que la vida te depare.

Querido Señor, ayúdame a abrir la Biblia para que pueda buscarte con todo mi corazón. Ayúdame a acercarme a tu Palabra expectante y dispuesto a encontrarte. Equípame cada día. En el nombre de Jesús, amén.

Contempla la grandeza de Dios

Nadie puede medir su grandeza.

SALMOS 145:3 NTV

Considera el amanecer. ¿Te imaginas intentar pintar el cielo cada mañana con esa paleta de colores y esos patrones de nubes? No solo cada mañana, sino cada momento del día es una oportunidad para contemplar la grandeza de Dios. Toda la creación declara su gloria.

Nuestro santo temor crece en proporción a nuestra comprensión de la grandeza de Dios.

La gloria de Dios está más allá de todo entendimiento. Es inescrutable, no tiene fronteras ni limitaciones, y es incomparable. Aun así, cuando tratamos de aumentar nuestra comprensión de su grandeza, crecemos en temor santo y, posteriormente, en valentía. Las Escrituras están llenas de ejemplos de personas que proclaman la grandeza de Dios:

El profeta Isaías, al ser transportado al cielo y ver al Señor sentado en su trono, oyó a los ángeles gritar: "¡Santo, santo, santo es el Señor de los ejércitos del cielo! Toda la tierra está llena de su gloria" (Isaías 6:3 NTV). Eran tan fuertes sus gritos, que estremecieron el escenario del cielo con capacidad para más de mil millones de seres.

Nuestro santo temor crece en proporción a nuestra comprensión de la grandeza de Dios.

Ezequiel vio al Señor y escribió: "Así se me presentó la gloria del Señor. Cuando la vi, caí con rostro en tierra" (Ezequiel 1:28 NTV).

Cuando Abraham vio a Dios, "cayó rostro en tierra" (Génesis 17:3 NTV). Y después de que Dios se manifestara gloriosamente en el Sinaí, "Incluso Moisés se asustó tanto de lo que vio que dijo: 'Estoy temblando de miedo'" (Hebreos 12:21 NTV).

El apóstol Juan, a quien Jesús amaba, escribió sobre su encuentro con nuestro Señor glorificado: "Cuando lo vi, caí a sus pies como muerto" (Apocalipsis 1:17 NTV).

¿Cómo ves la grandeza de Dios? ¿Qué postura adoptas? ¿Te quedas admirado o la consideras algo normal?

Es fácil preocuparse por la avalancha de información sobre la grandeza del hombre que llena continuamente nuestras mentes. Nuestro santo temor se ha visto perturbado por el sistema mundial del deseo, la ganancia y el orgullo de los logros humanos. Estamos continuamente bombardeados por la ostentación y el glamour de los atletas con talento, las bellas estrellas de Hollywood, los músicos superdotados, los gurús de los negocios, los líderes carismáticos y otros individuos importantes.

Todas estas cosas nos disuaden de la magnífica invitación a acercarnos y contemplar a Dios.

Así que dedica un tiempo hoy para hacer una pausa y contemplar su magnificencia. Cuando lo hagas, te encontrarás enriquecido, fortalecido y en paz.

Querido Padre celestial, te pido que me reveles una visión fresca de Jesús. Ayúdame a conformarme a aquel que creó el universo para que pueda contemplar tu grandeza. Que mi santo temor aumente a medida que tu gloria se haga más real. Te lo pido en el nombre de Jesús, amén.

Vive tu canción

Felices son los que oyen el alegre llamado
a la adoración, porque caminarán a
la luz de tu presencia, SEÑOR.

SALMOS 89:15 NTV

¿En qué piensas cuando oyes la palabra *adoración*? ¿Piensas en las canciones que se cantan en la iglesia? ¿Piensas en que la alabanza son las canciones rápidas y la adoración las lentas? ¿Te viene a la mente el equipo de alabanza del domingo por la mañana?

La adoración no tiene que ver con canciones, tiene que ver con obediencia.

La primera vez que se menciona la adoración en la Biblia es cuando Abraham les dijo a sus siervos que Isaac y él iban a la montaña a adorar. Pero si estás familiarizado con la historia, sabrás que no iba allí con su hijo a entonar canciones lentas. Estaba obedeciendo la instrucción de Dios de sacrificar a Isaac.

Más que nuestros himnos, Dios quiere nuestros corazones. Él no quiere nuestras canciones contemporáneas de moda; quiere nuestros espíritus sometidos.

A lo largo de los años, he estado en iglesias con asombrosos servicios de adoración: cientos o miles de creyentes reunidos, con excelentes equipos de alabanza y adoración, con hábiles músicos y cantantes. Pero aun cuando los servicios sean innovadores y de alta tecnología, aunque sean eventos creativos y entretenidos, el elemento más significativo falta si la presencia de Dios no se encuentra en ninguna parte. La verdadera adoración se revela por a quién *obedecemos*, no a quién cantamos. Y si nuestras vidas el lunes no reflejan lo que cantamos el domingo, algo va drásticamente mal.

Una vida de obediencia es una vida que adora, y de esa vida brotarán canciones que deleitarán el corazón de Dios. Adorar a Dios, en verdad, no sale de nuestra boca sino de nuestro corazón. Adorar es temerle y reverenciarlo en el sentido más verdadero.

Recuerda hoy lo que dijo el salmista "Felices son los que oyen el alegre llamado a la adoración, porque caminarán a la luz de tu presencia, SEÑOR" (Salmos 89:15 NTV).

Querido Padre celestial, perdóname cuando mi adoración solo se produce el domingo. Ayúdame a llevar una vida de adoración. Ayúdame a ser congruente en mi obediencia a ti para que pueda conocerte íntimamente mientras te manifiestas a mí. Revélate ante mí. En el nombre de Jesús, amén.

Alegría y regocijo

Queridos amigos... Esfuércense por demostrar
los resultados de su salvación obedeciendo
a Dios con profunda reverencia y temor. Pues
Dios trabaja en ustedes y les da el deseo y el
poder para que hagan lo que a él le agrada.
Hagan todo sin quejarse y sin discutir.

FILIPENSES 2:12-14 NTV

¿**H**as oído hablar del gran pastor que una vez tuvo una
iglesia de tres millones de personas y, sin embargo,
solo *dos* adultos de su congregación cumplieron su destino?
Suena a chiste, pero es exactamente lo que les ocurrió a Moisés
y a los hijos de Israel: solo Josué y Caleb pudieron entrar en
la tierra prometida (Números 13). Una de las razones fue que
los israelitas se quejaban.

Quizá nunca hayas prestado atención a los cinco pecados
que alejaron a Israel de su destino: desear cosas malas, adorar
ídolos, inmoralidad sexual, poner a prueba a Dios y quejarse
(1 Corintios 10:6-10).

Si eres como yo, puede que pienses: *¿Qué? ¿Quejarse?
¿Cómo puede incluirse la queja en una lista con estos otros
pecados masivos?*

Pero el Espíritu Santo me convenció: *John, quejarse es un
pecado grave a mis ojos.* Me mostró que cuando me quejo,

básicamente estoy diciendo: "Dios, no me gusta lo que estás haciendo en mi vida, y si yo fuera tú haría las cosas de otra manera".

Es una afrenta a mi carácter, me dijo el Espíritu Santo. *Es rebelión a mi voluntad, y es una gran falta de temor santo.*

Los hijos de Israel se quejaban constantemente. Estaban descontentos con la forma en que se les dirigía y con lo que ocurría en sus vidas. Culpaban a Dios de su malestar, de sus carencias y de cualquier otra cosa que no fuera gratificante. Carecían de temor santo; no temblaban ante su Palabra.

Dios les dijo: "Pues no serviste al Señor tu Dios con gozo y alegría cuando tenías de todo en abundancia. Por eso ... serás esclavo de los enemigos que el Señor enviará contra ti" (Deuteronomio 28:47-48).

El único que puede sacarte de la voluntad de Dios —de cumplir tu destino— eres tú. Ningún hombre ni mujer, ningún niño, ningún demonio, ninguna institución... solo tú. Los hermanos de José intentaron destruir su sueño, pero el llamado de Dios permaneció intacto porque José temía y creía en Dios. Aunque José sufrió penurias, nunca vemos de él ni una sola queja.

La queja es asesina. Anulará la vida que Dios tiene para ti más rápido que cualquier otra cosa. Quejarse es la antítesis del temor santo. Deshonramos a Dios y a su Palabra cuando pensamos o hablamos desde una postura de descontento.

Temblar ante la Palabra de Dios implica gozo y alegría en el núcleo de nuestro ser. Si están ausentes, es solo cuestión de tiempo que las circunstancias revelen la falta de alegría y gratitud.

Querido y bondadoso Padre celestial, perdóname por las veces que me he quejado o murmurado o refunfuñado. Ayúdame a estar en paz y contento con todo lo que estás haciendo en mi vida. Decido seguirte con ahínco para cumplir el destino que tienes para mí. Elijo hacerlo con una actitud de alegría y agradecimiento. En el nombre de Jesús, amén.

Maravíllate ante la presencia de Dios

Puesto que nosotros estamos recibiendo un reino inconmovible, seamos agradecidos. Inspirados por esta gratitud, adoremos a Dios como a él le agrada, con temor reverente, porque nuestro "Dios es fuego consumidor".

HEBREOS 12:28-29

Solía ser muy difícil para mí entrar en la presencia de Dios en mis momentos de oración. Pero un día empecé a hacer algo, prácticamente por accidente. Decidí no comenzar mi tiempo de oración cantando ni pronunciando ninguna palabra. Me limité a reflexionar sobre la grandeza y la santidad de nuestro Dios.

Mediste el universo con el palmo de tu mano. Desde tu pulgar hasta tu meñique, pesaste las montañas. Mediste cada gota de agua del planeta en la palma de tus manos. Colocaste las estrellas en sus órbitas con tus dedos y llamaste a cada una de ellas por su nombre.

Dios, ¡eres increíble!

La forma de entrar en la presencia de Dios es a través de la reverencia. Reverencia santa y maravillosa.

Casi de inmediato me encontré con su presencia. No lo vi venir y me sorprendió. Decidí hacer lo mismo al día siguiente y experimenté igual resultado. Y al tercer día, volvió a suceder. Estaba desconcertado.

"Señor", oré, "¿por qué me ha resultado tan fácil estos tres últimos días llegar a tu presencia?".

El Espíritu de Dios me recordó cómo enseñó Jesús a sus discípulos a orar con el Padre Nuestro: "Padre nuestro que estás en los cielos, santificado sea tu nombre...".

Grité: "¡Eso es! Jesús enseñó a sus discípulos a llegar a la presencia de Dios con santo temor y reverencia".

Entonces todo eso cobró sentido para mí. La forma de entrar en la presencia de Dios es a través de la reverencia. Reverencia santa y maravillosa.

Más tarde este decreto se hizo más real para mí: "Demostraré mi santidad por medio de los que se acercan a mí" (Levítico 10:3). Me di cuenta de que se trata de un decreto eterno, que siempre ha sido y que siempre será.

¿Veneras a Dios cuando acudes a su presencia, ya sea en oración, en un grupo pequeño o en la iglesia?

¿Honras a Dios con tu forma de vivir?

¿Son importantes para ti las cosas que son importantes para Dios?

¿Abrazas su corazón y amas lo que él ama?

¿Desprecias lo que Dios desprecia?

¿Consideras quién es realmente aquel a quien llamas "Padre"?

Querido Padre glorioso y majestuoso, santificado sea tu nombre. ¡Tú eres asombroso! ¡Eres maravilloso! ¡Eres santo! Perdóname por las veces que he subestimado tu presencia. Quiero ser consciente de tu presencia y respetarla, esté donde esté o haga lo que haga. Quiero vivir en reverente temor de ti en todo momento. Te lo pido en el nombre de Jesús, amén.

Busca la amistad de Dios

Acérquense a Dios, y Dios se acercará a ustedes.

SANTIAGO 4:8 NTV

¿Cuándo fue la última vez que hablaste con tu mejor amigo o le enviaste un mensaje? Si eres como yo, tu mejor amigo es alguien con quien compartes detalles importantes y tus secretos más íntimos. Mantienes una comunicación habitual con esa persona y compartes cosas que no le contarías a nadie más.

Dios quiere una relación íntima contigo. El Salmo 25:14 dice: "El *secreto* del SEÑOR está con los que le temen, y él les mostrará su pacto" (énfasis añadido).

La palabra hebrea para "secreto" es *sôd* y se define como "consejo". El consejo secreto de Dios —compartir sus secretos— es con sus amigos íntimos y cercanos. Pero Dios no es amigo de todos, solo de aquellos que le temen.

Es fácil que la gente hable de Dios como si fuera un amigo con el cual pasar un rato. Conozco personas que pueden ponerme al corriente de los hechos y detalles de la vida de un famoso, pero eso no significa que sean amigos suyos. Lo mismo ocurre con Dios. Podemos asistir a los servicios de la iglesia, dirigir el grupo de jóvenes y leer nuestras biblias a diario, pero eso no garantiza que tengamos amistad con Dios.

Dios no busca "me gusta" en sus redes sociales ni amigos a los cuales seguir. Él busca una relación íntima con aquellos que le temen.

Como hemos compartido en este libro, dos hombres del Antiguo Testamento son identificados como amigos de Dios: Abraham y Moisés. Sus vidas ejemplifican el camino que conduce a la amistad con el Señor. Ellos demuestran los parámetros establecidos para tener amistad con Jesús, que no dijo: "Todos son mis amigos si creen que soy el Cristo". Más bien, lo que Jesús dijo fue: "Ustedes son mis amigos si hacen lo que yo les mando" (Juan 15:14). Tanto Abraham como Moisés, por su santo temor, obedecieron lo que Dios les ordenó y experimentaron una amistad íntima con él.

Dios desea profundamente estar cerca de cada uno de nosotros, pero la verdadera intimidad requiere que ambas partes se conozcan bien, no solo una. Al igual que Dios escudriña nuestros pensamientos más íntimos, nosotros también deberíamos esforzarnos por lograr una verdadera familiaridad con nuestro Padre celestial.

Fíjate en lo que dijo Moisés sobre este nivel de relación: "Tú me has estado diciendo: 'Lleva a este pueblo a la Tierra Prometida'. Pero no me has dicho a quién enviarás conmigo. Me has dicho: 'Yo te conozco por tu nombre y te miro con agrado'. Si es cierto que me miras con buenos ojos, permíteme conocer tus caminos, para que pueda comprenderte más a fondo y siga gozando de tu favor" (Éxodo 33:12-13 NTV). Moisés anhelaba una relación profunda e íntima con Dios.

Persigue la amistad de Dios, pero hazlo de un modo que mantenga el temor y la reverencia hacia él en primer plano. No te vuelvas tan informal con el Dios santo ni lo rebajes a nuestro nivel llamándolo tu Salvador y tu compinche en el mismo aliento.

Querido Padre celestial, hoy decido buscar conocerte de la manera que has decidido conocerme. Ayúdame a conocerte a través de tu Palabra y al pasar tiempo contigo en oración hoy. Te lo pido en el nombre de Jesús, amén.

Termina bien

Escúchame y haz lo que te digo,
y tendrás una buena y larga vida.

PROVERBIOS 4:10 NTV

"**V**ale más terminar algo que empezarlo".

Salomón escribió estas palabras en Eclesiastés 7:8 (NTV). Imagínate al rey al final de su vida reflexionando. Creo que todos estamos de acuerdo en que cuando se reflexiona en el pasado es más fácil identificar los escollos que anticiparlos antes de enfrentarlos. El Señor se le apareció a Salomón dos veces y le dijo que pidiera lo que quisiera. Salomón pidió un corazón comprensivo para poder distinguir el bien del mal. Sin embargo, más tarde nos enteramos de que optó por no aguantar y acabó convirtiéndose en un cínico. Esencialmente dijo: "Nada cambia… Todo es aburrido, completamente tedioso… No hay nada nuevo, es la misma vieja historia… No cuentes con que te recuerden".

Salomón fue el hombre más sabio que jamás haya existido, aparte de Jesús. Sabía que "el temor del Señor es la base del verdadero conocimiento", como escribió en Proverbios 1:7. Llegaría a alcanzar alturas que ningún ser humano antes ni después ha estado siquiera cerca de lograr. A pesar de todo ello, flaqueó en la última parte de su reinado y de su vida.

Y cuando reflexionó en su postrimería lamentándose, hizo hincapié en el temor de Dios al final de Eclesiastés:

"Aquí culmina el relato. Mi conclusión final es la siguiente: teme a Dios y obedece sus mandatos, porque ese es el deber que tenemos todos" (Eclesiastés 12:13 NTV).

Está claro que el temor de Dios consiste en terminar bien. Por eso se nos dice: "El temor del Señor es puro: permanece para siempre" (Salmos 19:9). En la vida cristiana, el final que esperamos es oír a nuestro Señor decirnos: "¡Bien hecho, mi siervo bueno y fiel!".

Recuerda siempre que lo más importante no es cómo empezamos esta carrera, sino la manera en que la terminamos. Las Escrituras están llenas de ejemplos desgarradores de aquellos que empezaron bien pero no terminaron muy bien.

Pero podemos tener una gran esperanza en esto: "Dios es *capaz* de cuidarnos para que no caigamos, y puede también hacernos entrar a su presencia gloriosa con gran alegría y sin falta alguna" (Judas 24 PDT, énfasis añadido)

Acabar bien es el aspecto más importante de vivir bien. Observa que Judas dijo que Dios es *capaz; en* otras palabras, nuestra cooperación es esencial. Dios, mediante su don del santo temor, es *capaz* de mantenernos fuertes e irreprochables hasta el final. Dios quiere protegernos de las trampas de la vida. Quiere que perduremos fielmente, pero debemos cooperar con su gracia para ver este resultado.

Me encanta la palabra *perdurar o perseverar.* Oímos gritar este tema en el Nuevo Testamento. Jesús dijo: "Pero el que se mantenga firme [el que perdure] hasta el fin será salvo" (Mateo 24:13). Vemos al apóstol Pablo en casi todas las cartas hablando de perdurar o permanecer firmes. "Pero deben seguir creyendo esa verdad y mantenerse firmes en ella. No se alejen de la seguridad que recibieron cuando oyeron la Buena Noticia" (Colosenses 1:23 NTV).

El cristianismo no es una carrera corta, es una carrera de resistencia. Hebreos 12 nos dice que nos despojemos de todo peso que nos impida correr, especialmente nuestros pecados. Se nos dice que "corramos con *perseverancia* la carrera que Dios nos ha puesto por delante" (v. 1 NTV, énfasis añadido). Me encantan los versículos 2 y 3 de la *Biblia El Mensaje*:

> ¡Y nunca nos rindamos! ... Fijos los ojos en *Jesús*, que empezó y terminó esta carrera. Aprendamos cómo lo hizo. Puesto que nunca perdió de vista hacia dónde se dirigía —esa estimulante meta en y con Dios— pudo soportarlo todo en el camino: cruz, vergüenza, lo que fuera. Y ahora está *allí*, en el lugar de honor, a la diestra de Dios. Cuando se vean flaqueando en la fe, recuerden esa historia, punto por punto, toda la hostilidad que enfrentó. ¡*Eso* llenará de ánimo sus almas!

Nunca pierdas de vista hacia dónde te diriges. Recuerda que la clave para acabar con fuerza es la perseverancia o la resistencia. Sigue manteniéndote firme, sin importar la dificultad, la penuria o la duración.

Nunca pierdas de vista hacia dónde te diriges. Recuerda que la clave para terminar con fuerza es la resistencia y mantenerte firme.

Querido Padre celestial, por favor dame la fuerza y la determinación para resistir hasta el final. Lléname del espíritu de temor del Señor para que pueda terminar bien y darte gloria. En el nombre de Jesús, amén.

Notas

Día 3: Sigue a Cristo a toda costa

1. Peter M. Peterson, *Andrew, Brother of Simon Peter: His History and Legends* (Brill)
2. John Foxe, *Foxe's Christian Martyrs of the World* (Barbour and Co.).

Día 4: Valentía cuando cuenta

1. Herbert Musurillo, trans., *The Acts of the Christian Martyrs* (Oxford University Press, 1972).

Día 7: Ahuyenta al resto de los miedos

1. Charles H. Spurgeon, *The Complete Works of C. H. Spurgeon, Volume 13: Sermons 728 to 787* (Delmarva Publications).

Día 8: Sigue sus órdenes

1. Hudson Taylor, *A Retrospect*, 3rd ed. (China Inland Mission).
2. N. Gist Gee, *The Educational Directory for China* (Educational Association of China).
3. Paul Borthwick, *Leading the Way* (Navpress).

Día 9: Persigue la Palabra de Dios

1. Tim Chaffey, "3. Unity of the Bible," *Answers Magazine*, April 1, 2011, https://answersingenesis.org.

Día 12: Proclama la verdad

1. "Biblical Commentaries: Matthew 14," www.studylight.org.

Día 15: Fuerza para resistir

1. "Biography," International Bonhoeffer Society, accessed June 14, 2023, https://bonhoeffersociety.org.

2. Dietrich Bonhoeffer, "After Ten Years" in *Letters & Papers From Prison* (New York: Simon and Schuster, 1997), 11.

3. Eric Metaxas, *Bonhoeffer: Pastor, Martyr, Prophet, Spy* (Nashville, TN: Thomas Nelson, 2020), 532.

Día 17: Cuidado con el orgullo

1. A. W. Tozer, *I Call It Heresy: And Other Timely Topics from First Peter* (Wing Spread Publishers).

Día 19: Fortaleza para tiempos difíciles

1. Elizabeth Keckley, *Behind the Scenes: Or, Thirty Years a Slave and Four Years in the White House* (Partridge and Oakey).

2. Keckley, *Behind the Scenes.*

3. Abraham Lincoln, *Collected Works of Abraham Lincoln, V. 7.*

Día 20: Supera la derrota

1. Foxe, John, 1516–1587. *Foxe's Book of Martyrs, or, The Acts and Monuments of the Christian Church: Being a Complete History of the Lives, Sufferings, and Deaths of the Christian Martyrs . . . to Which Is Added an Account of the Inquisition . . . with the Lives of Some of the Early Eminent Reformers* (J.B. Smith).

2. Works of William Tyndale, vol. 1, p. 135.

3. Foxe, page 152.

Día 25: Ora con valentía

1. Saint Augustine of Hippo, *The Confessions of Saint Augustine, Book III* (Peter Pauper Press), chapter 11.

Día 32: No te rindas

1. "William Wilberforce's 1789 Abolition Speech," Brycchancarey. com, accessed June 13, 2023, www.brycchancarey.com.

2. William Wilberforce, *Real Christianity: Discerning True Faith from False Beliefs* (Bethany House).

3. Wilberforce, *Real Christianity.*

Día 34: Nada contra la corriente

1. "Crusade City Spotlight: Chicago," Billy Graham Library, February 6, 2013, https://billygrahamlibrary.org.

Día 35: Camina a través del fuego

1. Henry Arnaud and Jaques Brez, *Authentic details of the Valdenses, in Piemont and other countries; with abridged translations of "L'histoire des Vaudois," par Bresse, and La rentree glorieuse, d'Henri Arnaud, with the ancient Valdensian catechism, to which are subjoined original letters, written during a residence among the Vaudois of Piemont and Wirtemberg, in 1825* (J. Hatchard and Son).

2. James D. McCabe Jr., *Cross and Crown: Sufferings and Triumphs of the Heroic Men and Women who Were Persecuted for the Religion of Jesus Christ* (National Publishing Company).

Día 39: Dedica tiempo a la Palabra

1. Dwight L. Moody, *Pleasure and Profit in Bible Study* (Moody).

2. Arnold Cole and Pamela Caudill Ovwigho, "Understanding the Bible Engagement Challenge: Scientific Evidence for the Power of 4," Center for Biblical Engagement, December 2009, www.bttbfiles.com.

Día 44: Equípate cada día

1. "State of the Bible 2018: Seven Top Findings," Barna Group, July 10, 2018, www.barna.com.

Reconocimientos

Estoy agradecido a HarperCollins Christian Publishing por su colaboración en la publicación de esta obra. Aprecio el arduo trabajo del equipo de Gift, y especialmente a Jennifer Gott, Kara Mannix, Sabryna Lugge, Kristen Parrish, Emily Ghattas, Kristi Smith, Lydia Eagle y MacKenzie Collier.

Un agradecimiento especial a Travis Thrasher por ayudarme a compilar cada uno de los devocionales. Eres un escritor e investigador extraordinario.

Gracias a mi agente, Esther Fedorkevich, por creer en esta obra y animarme a escribirla.

Por último, aunque no menos importante, gracias a Lisa, a mi familia y al equipo de Messenger, que siempre me apoyan. Los amo, profundamente, a todos.

Acerca del autor

John Bevere es un ministro conocido por su enfoque audaz e intransigente con la Palabra de Dios. Además, es un autor internacional de bestsellers que ha escrito más de 20 libros que en conjunto han vendido millones de copias y han sido traducidos a más de 60 idiomas.

Photo courtesy of Messenger International

Junto con su esposa, Lisa, John es cofundador de Messenger International, un ministerio comprometido con revolucionar el discipulado global. Impulsado por la pasión de desarrollar seguidores intransigentes de Cristo, Messenger ha entregado más de 60 millones de recursos traducidos a líderes de todo el mundo. Para extender estos esfuerzos, se desarrolló la aplicación MessengerX, que proporciona recursos de discipulado digital sin costo para los usuarios en más de 60 idiomas. Actualmente, MessengerX cuenta con usuarios en más de 20.000 ciudades y más de 235 países.

Cuando John está en casa en Franklin, Tennessee, lo encontrarás disfrutando con sus nietos, jugando al pickleball o tratando de persuadir a Lisa para que juegue al golf.

LISA BEVERE

CASA CREACIÓN

Para vivir la Palabra

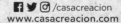

/casacreacion
www.casacreacion.com

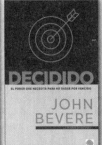

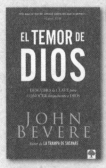

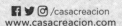

CASA CREACIÓN

Te invitamos a que visites nuestra página web, donde podrás apreciar la pasión por la publicación de libros y Biblias:

www.casacreacion.com

f @CASACREACION

t @CASACREACION

◎ @CASACREACION

Para vivir la Palabra